【文庫クセジュ】

ポピュリズムに揺れる欧州政党政治

パスカル・ペリノー 著
中村雅治 訳

白水社

Pascal Perrineau, *Le Populisme*
(Collection QUE SAIS-JE ? N° 4161

私の学生たちに捧げる

凡例

・本文中の（　）内の補足説明は原著者のものである。
・本文中の〔訳注：〕は訳者の挿入したものである。
・原著の脚注は章ごとにまとめて章末におき、通し番号を付した。
・人物名は初出の時に原語を付記した。
・本文中の〈　〉は政党名である。ただし「○○党」など、それとわかるものには〈　〉を付していない。
・本文中で使用された政党の略記号は八頁の一覧表を参照。

目次

欧州主要ポピュリスト政党略記号一覧

詳しくは二〇一九年欧州議会選挙の結果（付表）を参照。（政党名の日本語表示は訳者による仮訳を含む）

AfD（ドイツ）　ドイツのための選択肢
ANO 2011（チェコ共和国）アノ二〇一一（前身は〈不満な市民の行動〉）
ATAKA（ブルガリア）アタカ国民連合
CDU（ポルトガル）統一民主連合
DF（DFP）（デンマーク）デンマーク国民党
Die Linke（ドイツ）左翼党
Fidesz（ハンガリー）フィデス（ハンガリー市民同盟）
FN（フランス）国民戦線
FolkeB（デンマーク）反ＥＵ国民運動
FPÖ（オーストリア）オーストリア自由党
FrP（ノルウェー）進歩党

GERB（ブルガリア）　ヨーロッパ発展のためのブルガリア市民
Jobbik（ハンガリー）　ヨッビク（より良いハンガリーのための運動）
KNP（ポーランド）　新右派会議
Kotleba-L'SNS（スロバキア）　人民党（我らがスロバキア）
LAOS（ギリシア）　国民正統派運動
Lega（イタリア）　同盟（レーガ）（前身は〈北部同盟〉）
LPR（ポーランド）　ポーランド家族同盟
NPD（ドイツ）　ドイツ国家民主党
OL'aNO（スロバキア）　普通の人びとと独立した人たち
ÖVP（オーストリア）　オーストリア国民党
PiS（ポーランド）　法と正義
Podemos（スペイン）　ポデモス（我々には可能だ）
PRM（ルーマニア）　大ルーマニア党
PVV（オランダ）　オランダ自由党
RN（フランス）　国民連合
SMER-SD（スロバキア）　スメル（方向・社会民主主義）

SNS（スロバキア）　スロバキア国民党
SYRIZA（ギリシア）　シリザ（急進左派連合）
SVP/UDC（スイス）　スイス国民党
UKIP（イギリス）　英国独立党
VB（ベルギー）　フラームス・ベランフ（フラームスの利益）

序章

この四十年間、「ポピュリスト」と命名されたあらゆる種類の政治運動が、急進右派のみならず他の政治勢力からも台頭してきている。そうしたポピュリストの運動は、多くのヨーロッパ諸国にとどまらず、世界中で行われる選挙で成功を収めている。そして、いまや各地で広く使われるようになった「ポピュリズム」(populism)の概念そのものが議論を呼んでいる。政治アクターたちはポピュリズムという表現を、しばしば論争の的にして、敵対者を貶める目的でデマゴーグ呼ばわりする。政治アナリストや観察者たちの多くも、同様の立場からポピュリストの政治スタイルを批判する。ポピュリストは物事を単純化し、下品な言葉を使い、短い言葉で相手をやり玉に挙げ、民衆の「良識」に受け入れられやすいような物言いをする、と糾弾する。政治学者はどうかといえば、ポピュリズム概念の特徴を科学的観点から批判する。一部の専門家は、一般常識の意味するところをいろいろと詰め込んだだけの、混乱した一種のカテゴリーであるという。また別の専門家は、分析手段としてのポピュリズムは社会科学の領域で長い歴史を持っていると指摘する。彼らによれば、ポピュリズムは一世紀以上前から見られる独特な政治現象であり、それはまた民衆とエリートとが対立する社会を読み解くための一方法でもある。同時にそれは感情の表出を刺激する政治的行動様式であり、「人民」と共鳴する政治家を通じて直接的に、また激しく自己表現するという考え方を裏付けようとする。

本書の目的は、ポピュリズム現象に立ち返り、その意味するところを限定し（それはいかなるものか?）、測定し（いかなる国で、どの程度ポピュリスト政党は成功を収めているか?）、またその原因を見つけ出す（近年なぜ出現し、選挙での支持を定着させたのか?）ことにある。そして何よりも民主主義の危機が危惧される未来の状況において、ポピュリズムにより良く対処できるように備えるためである。

第一章　現象の特質

ポピュリズムについての文献は豊富であり、それについて書かれた本や、この問題を扱った論文や章を含む著作は数知れない。もっとも、著作は数多いとしても、多くの場合、その中には共通する二つの中心的参照基準が見いだせる。それはエリートと人民である。この問題についての代表的な専門家の一人であるカス・ミュデ（Cas Mudde）によれば、「ポピュリズムはエリートと人民との関係について何らかのことを述べたものである[1]」。

換言すれば、ポピュリズムは人民と権力者との間に生まれる対立関係の土壌の上に育つものである。それゆえに、カス・ミュデはポピュリズムを次のように定義する。「社会というものは、相対立するそれぞれ同質的な二つの集団――純粋無垢の人民と堕落したエリート――に分けられるが、政治とは人民の一般意志の表現でなければならないと主張するイデオロギーである[2]」。

こうしたイデオロギーにもとづくポピュリズムへのアプローチは、ポピュリスト現象に関心を抱く社会科学者の間に次第に広がっていった。とはいえ、それが常に支配的なアプローチであったというわけではない。いくつかの専門分野や、特定の地域に特有な文脈においては、異なるアプローチが使われてきている。さらに言えば、批判社会学（sociologie critique）の一部では、そもそも「ポピュリズム」なる用語法そのものに異論がある。なぜなら、それが人民や庶民階級などと呼ぶものの信用を失墜させる手段となりかねないからである。また「社会的人種差別」の刻印を押すことにもなりかねず、さらには右派と左派の最高の分裂点を上回るような不都合を生み出しかねないからである。[3] 批判社会学の思潮からすれば、「人種ととらえる人民（民族ポピュリズム）に対する呼びかけと、民衆ととらえる人民（社会主義ポピュリズム）に対する呼びかけの双方に〝ポピュリズム〟という同一のラベルを貼って混同することに、いかなる科学的な利点が見いだせるのか」[4] 少しも納得できないのかもしれない。これは、同様の知的感性が全体主義の概念に対して用いられた場合を思い起こさせるものであり、そうするとポピュリズムは左派のラベルを貼られた場合だけしか知的関心の対象となりえないことになってしまうかも知れない。[5] こうした「知的党派主義」を拒否するアプローチを採用しようとする場合、二つの立場がありえる。一つはポピュリズムにイデオロギー的地位を認めないアプローチと、もう一つは「弱い」イデオロギー的地位なら認めるアプローチである。

I　非理念的アプローチ

1　大衆動員の手段としてポピュリズムをとらえるアプローチ

歴史上最初に出現したポピュリズムの一つとして、十九世紀末の北米に現れた「人民党」（People's

Party）に関心を抱く多くのアメリカの歴史家がいる。

彼らはポピュリズムとは、普通の市民が政治に参加する民主的プロセスの一つであるとみなしている。こうした見方からすれば、ポピュリズムは、何よりも市民の動員と民主主義の共同体的モデルの発展に寄与する肯定的な力である。(6) 大多数の思いつき的な分析とは異なり、こうした歴史分析は、協同組合の経験に裏打ちされたアメリカ農民が、どのようにして農地開放要求のための反乱を起こしたのかを明らかにしている。アメリカ南部と西部の政党を基盤とする農民たちの反独占運動は、全国レベルの政治的争点として民主党の中に広がり、ポピュリストのウィリアム・ジェニングス・ブライアン（William Jennings Bryan）の大統領選挙への立候補につながった〔訳注：落選〕。さらには二十世紀の初めに、民主党大統領のセオドア・ローズヴェルト（Theodore Roosevelt）による連邦国家の介入意志を具現化するための急進的な運動へと発展していった。二〇二〇年十一月、アメリカ大統領選挙において、この一二〇年間になかったほどの選挙民の動員（六七％）がドナルド・トランプ（Donald Trump）により実現した。彼のもとで、ポピュリスト的争点が大量の有権者を投票所に導く力を持つことが示された。それゆえにポピュリズムは、政治の領域で、何よりもまず大衆を動員するための、他に類を見ない手段であるとみなされるようになったのである。

こうした理解の延長線上にマーガレット・カノヴァン（Margaret Canovan）がいる。彼女は英国の政治学者であり、このテーマについての重要な著作の筆者である。(7) 彼女は十九世紀末から二十世紀末までのポピュリズムの多様な形態について優れた総括を行なった。その結論は、ポピュリズムは何よりも民衆

（群衆、大衆、公衆、世論）を動員する手段であり、またいくつかのテーマを強調して政治的・知的システムに対抗させるものである。強調されるテーマは、素朴な人びとに対するエリートの陰謀、仲介者や代表者を飛び越えての人民と彼らの良識に対する訴えかけ、金持ちや「物知り」に対する社会的恨み、そして共同体メンバーではない人びとに対する反感などである。

2　急進的解放手段としてのポピュリズム

二番目のアプローチでは、ポピュリズムを政治理解のための最良の手段であると考える。すなわち社会紛争のとらえ方として、少しずつ階級闘争に代えてポピュリズムを導入していく。そして「彼ら」（制度上の仕組み）と「われわれ」（人民）との間の根本的な対立を想定する。このアプローチはアルゼンチンの哲学者のエルネスト・ラクラウ（Ernesto Laclau）が最も体系的に発展させたものである[8]。彼は慣れ親しんだマルクス主義的パラダイムを次第に捨てるようになったが、ポピュリストたちの発言はいずれも、人民は社会階級を超える存在であるとみなし、人民は政治権力あるいは少数者支配体制と対立するという図式を採用する点で、互いに類似していると考えるようになった。早くも一九七七年から、彼は自説を次のように展開している。「ポピュリズムは、支配的イデオロギーに対する総合的・敵対的な複合体のようなものとして、民衆的・民主的な釈明要求の提示をする」。ポピュリズムは解放の力である。自由民主主義は問題提起をするが、ポピュリズムの急進的民主主義は解決策を提示する。かくしてポピュリズムは急進的民主主義を実現するための手段とされる。それはコンセンサスにより腐食させられた政治生活に再度紛争を持ち込み、現状維持を覆すことを狙うことで、社会から排除された諸部門からの動員を活性化するのである。

3　経済的不均衡を生み出す手段としてのポピュリズム

三番目のアプローチは、一九八〇年代から一九九〇年代の南米におけるポピュリズムを研究した経済学者たちが展開した議論である。そこではポピュリズムは甚だしく無責任な経済政策を誘発した媒体とされる。すなわち、外国からの借金にもとづく資金調達に支えられた多額の公共支出がハイパー・インフレを引き起こし、思い切った経済・財政政策の修正が必要になった。その結果はポピュリストの主張するマクロ経済が優遇しようとした人びとにとっても高くつくものとなってしまった[9]。東南アジアにおけるマクロ経済の安定と南米での慢性的不安定とを比較して、『ポピュリズムのマクロ経済学』の著者たちは次のように述べている。アルゼンチン、ブラジル、チリ、コロンビア、メキシコ、ニカラグア、さらにはペルーなどが経験した重大な危機は、ポピュリスト的実験の直接的な結果である。不平等と闘うポピュリストの経済政策は、赤字や企業のコントロールといった問題、あるいは基礎的経済の均衡といったことなどにまったく無知であり、そのゆえに重大な危機を引き起こすことになったのである。こうした経済的ポピュリズムは、成長や再配分といったことに大変熱心であるが、インフレや公的財政の赤字、海外からの拘束要因の持つ危険性などに対しては無知である。さらには攻撃的な国家政策に対するいろいろな経済主体からの激しい反応についても無知であった。その結果、高い付けを払わされることになったのは、結局のところ、まさにこうした政策の受益者であると想定されていた社会集団であった。ベネズエラの経済的挫折は、ウゴ・チャベス（Hugo Chávez）や彼の後継者のニコラス・マドゥロ（Nicolás Maduro）により実施されたポピュリスト的経済政策の失敗の一例である。かつてラテン・アメリカでもっと豊かであった国は二十年間で崩壊し、貧困と飢餓、ハイパー・インフレと労働力の国外流出に苦しむ国となってしまったのである。

4　リーダーシップ行使形態としてのポピュリズム

ポピュリズムの暗い面を見せてくれるこうした経済的アプローチに加えて、四番目のアプローチがある。それはとりわけ政治的リーダーシップ行使の特殊な形態としてのポピュリズムに関心を払う。その場合ポピュリズムとは、何よりも政治スタイルの一つであり、統治ないしはそれを目指すリーダーは、仲介者を介さない市民との直接的関係を優先し、すべての中間団体をないがしろにする。ポピュリスト的リーダーシップは、しばしば強力な政治的人物と結びつく。彼はカリスマ的リーダーであり、大衆との密接で恒常的な関係を維持しつつも権力の操縦桿を手放すことはない。ポール・タガート（Paul Taggart）が強調するように、ポピュリズムは「平凡な市民を指揮するために、まったく並外れた個人を必要とする」[10]。多様な意見を緩く組み立てたポピュリズムは、自己の強い確信を多かれ少なかれカリスマ的人物の中に見いだすのである。その人物は多様な意見を凝集させ、総合して一つの原理にまでまとめたうえで、「民の声」として発信する。ラテン語の格言に言うところの「民の声は神の声」（Vox populi, vox Dei）の代わりに、世俗化され、熱狂の冷めた世界におけるポピュリストの格言は「民の声は君主の声」（Vox populi, vox principis）となる。

5 テレポピュリズムとしてのポピュリズム

最後に五番目のアプローチは、最も新しいものである。それはマスメディアが政治生活にもたらした変化に、ポピュリズムを密接に結びつける。一九九〇年代のイタリアを背景にして、「テレポピュリズム」（télépopulisme）の概念が現れた。イタリアでテレビ会社を所有するシルヴィオ・ベルルスコーニ（Silvio Berlusconi）の一九九四年三月の立法議会選挙での勝利は、危機に直面する議会制民主主義において、テレビを使うコミュニケーションが通常の民主主義の機能に代わりうることを証明した。それは民主主義の新しい実践であり、直接民主主義の昔日の夢の実現の一形態である。テレビに現れるデマゴーグは「言葉よりも己の姿を見せることで、聴衆に働きかける」[11]。代表民主主義はさまざまな欠陥を持つがゆえに、マスメディアの時代の大衆扇動に道を譲る。そしてあまり正統的とは言えない行動や発言がメディアや市民の注意をひくことに貢献する。多かれ少なかれ慣習に背く態度をとることで改革派を気取り、必ずしも伝統的な服装や言語コードを尊重することはない。多くのポピュリストのリーダーたちは、ずっと以前から政界の一角を占めてきたにも関わらず、これまでとは違う、新しいタイプの自分を見せようとする。そうすることで、自分は人民の側に立ち、伝統的なエリートに対抗する能力を持っていると主張する。フランスのジャン＝マリー・ルペン（Jean-Marie Le Pen）と娘のマリーヌ・ルペン（Marine Le Pen）、オーストリアのイェルク・ハイダー（Jörg Haider）、とハインツ=クリスティアン・シュトラーヒェ（Heinz-Christian Strache）、イタリアのシルヴィオ・ベルルスコーニとマッテオ・サルヴィーニ（Matteo Salvini）、オランダのヘルト・ウィルダース（Geert Wilders）とピム・フォルタイン（Pim Fortuyn）、アメリカのドナルド・トランプ、ブラジルのジャイール・ボルソナーロ（Jair Bolsonaro）などは明らかにテレポピュリズムのリーダーの世代に属している。彼らは二〇〇〇年代に入ると、同様の目的でウェブやe-デモクラシーの舞台を利用するようになる。

テレポピュリズムはウェブ・ポピュリズムを合わせることで、あらゆるポピュリズムをメディア化する現代のマスメディアの要請に適合する政治形態となった。今日（メディアの影響力と結びついて）、事件の顛末ばかりに目を奪われがちの「超近代」[12]の状況が出現した。そこでは映像過剰（これもメディアと結びついて）や、過度に特定個人と結びつけようとする傾向（大きな組織への集団的帰属意識の崩壊）が生じ、コミュニケーション・ネットワーク空間がますます重要な位置を占めるようになる。メディアやエレクトロニクス技術依存の民主主義が政治の現場を占有し、政党中心の民主主義は世論中心の民主主義に席を譲ることになったのである。

Ⅱ　理念的アプローチ

右派や、とりわけ左派の過激主義者たちにより、しばしば主張された強力な政治的イデオロギーは、第二次大戦後の数十年間（一九五〇年代から一九八〇年代）に人びとの政治的情熱をかき立てるものであった。しかしその後、そうした政治イデオロギーには大いに失望させられ、それはこの三十年間には危機に見舞われるものとなった。共産主義、革命にかけた数々の希望、また社会主義などは資本主義からの逃げ道の様相を呈したこともあった。しかし「歴史の意味」に対する、またより良き未来をもたらしてくれるはずの現状との根本的な断絶の必要性に対する信仰も、ともに破綻してしまった。こうしたイデオロギーの崩壊は、一部の人びとにとっては、自由主義と民主主義の勝利が同時に起こった「歴史の終わり」の命題を推奨するに至った[13]。しかしまた、別の人びとにとっては、こうしたイデオロギーの崩壊は現状の根本的な変化を警戒させる保守主義を生み出すことになったのである[14]。

1　伝統的イデオロギーの衰退

アンソニー・ギデンズ（Anthony Giddens）にとって、過激な政治イデオロギーが衰退したことの起源は、現時点という意味での現代性を成り立たせる以下の三つの要因にある。第一に、経済、コミュニケーション、運輸などの分野でグローバル化を強化した結果、ヨーロッパ的鋳型に起源を有する地理的・文化的イデオロギーの衰退が生じたこと。第二に、それとともに絶滅危惧種とも呼びうるナショナリズムや地域的アイデンティティの再活性化が起こったこと。第三に、これらと並行して脱伝統的社会秩序が成立したことである。

　われわれの社会を結束させてきた伝統は、次第にその存在意義を問われるようになり、ますます自己の正当性を釈明しなければならなくなった。「解放」を推奨するイデオロギーは、新しい社会秩序（慣習の革命、労働時間の短縮、レジャー文明の発展など）が「ここで、いま」〔訳注：フランソワ・ミッテラン元フランス大統領のインタヴューにもとづく一九八〇年の著作〕定着するのを見た。こうした運動に直面して、イデオロギーの指示する多くのものから解放の香りが失われていった。そして過激で偉大なイデオロギー・システムは破綻し、社会的・文化的な種々の拘束から個人を「解放」する現場において、大きくその存在理由を失うことになった。同時に、脅かされ誹謗中傷された伝統を守ろうとする「原理主義」の再来を許すことになった。その結果、「伝統」は自己の正しさを証明することも、説明することも、また議論の対象にする必要さえもなくなった。それどころか、原理主義の再来は、公共空間における思想をめぐる議論が導き出す「真実」のモデルを拒否することになったのである。「暴かれた真実」が再来し、「証明済みの真実」が占める空間を取り戻そうとする。結局、現代性は社会的事象に対する反射性を高めることになる。諸個人はますます自らのおかれた状況とその背景に関する多くの情報をふるいにかけつつ行動するようになる。こうした態度は行動の自立性を高めると同時に、世界を説明するための包括的なシステム、ならびに問題解決のための処方箋の全体像について、人びとに懐疑的な態度をとらせるようになる。個人の増大する自律性に伴い、イデオロギー的、宗教的他律性は減退していく。そして最後には、行動と思考の自立性の副作用が大きくなっていき、ある種の「自分自身であることの疲れ」が現れてくる。[15]「自分の人生の意味」が他所から与えられることに不愉快な思いをする個人は、もはやイデオロギー的、宗教的なことで方向性を示してくれるものを失うことになる。そうすると人は個人的責任の重荷を軽減しようとして、常習性へ依存（麻薬、抗不安剤、抗うつ剤）したり、仮想の共同体への所属（インターネット網）や、さらには信条の絆（陰謀論、宗教……）を再現させたりする。

2　ポピュリズムのために空いた空間

現代社会にみられる根本的傾向は、ある種のイデオロギーの衰退を生むことがあるとしても、同時に新しいタイプのイデオロギーが形成され、すでに廃止され、周縁化されてしまったと見なしうる信条体系の再来に空間を提供していることである。

明らかに、ヨーロッパと他の地域において、多様な形態のポピュリズムと新ポピュリズムとが花開き、いまや多くの民主的政治システムを混乱させたり、覆したりしている。具体例を挙げれば次のとおりである。アメリカにおけるトランプ現象、ヴィクトル・オルバン（Viktor Orbán）のハンガリー政府首班への就任、フランスにおける国民連合（RN）の定着、オーストリアにおけるオーストリア自由党（FPÖ）の頻繁な政権参加、スイス連邦におけるスイス国民党の支配的地位、二〇一七年の連邦議会選挙における〈ドイツのための選択肢〉（AfD）の目を見張るような躍進、二〇一八年から一九年にかけてのイタリアにおける〈五つ星運動〉と〈同盟(レーガ)〉による連立政権、スペインの〈ポデモス〉、ギリシアの急進左派連合〈シリザ〉の運動、さらにはスウェーデン民主党のダイナミズムなどがそうである。こうしたポピュリストの躍進を目の当たりにしても、それらを既存のいかなるイデオロギー的動向に当てはめるのが良いかの判断は容易ではない。左派も右派もポピュリズム的傾向の影響を受けている。スペイン、ギリシア、フランスにおける左派政党は「急進的ポピュリズム」に悩まされている。ラテン・アメリカでは数十年前から経験しており、それはベネズエラのウゴ・チャベスが目覚めさせたものである。ヨーロッパ諸国の大部分において、右派勢力は「排他的ポピュリズム」の発展に無関心ではいられない。

3　政治学とポピュリズム

古典的ポピュリズムについては、政治学によって比較的よく整理されている。主要著書については巻末の参考文献（一四三―一四五頁）を参照のこと。

最近アカデミックなアプローチにおいて、「ポピュリズム」というテーマに対する関心の復活がはっきりと見て取れる。とはいえ、その現象の定義、構成要素ならびに境界線についての見方は多様である[16]。理論的には、ポピュリズムは、ときには何よりも「不安や幻滅といった大衆の抱く漠然とした感情を利用しようとする[17]」政治的レトリックであるとされる。

他の著者、例えばカス・ミュデはポピュリズムを「薄い」（thin）または「弱い」（weak）イデオロギーと特徴づける。彼は、社会は同質的であると同時に、互いに敵対的な二つの集団――堕落したエリートに対峙する聖なる人民――に分割されていると考える。そして政治は人民の一般意志の直接的表現であらねばならないとする。カス・ミュデとクリストバル・ロヴィラ・カルトワッセル（Cristóbal Rovira Kaltwasser）によれば、「ここ十数年来、ますます多くの社会科学の専門家集団が、ポピュリズムを何よりもこうした理念的基盤の上で定義して、それはある種の言説、イデオロギーまたは世界観であるととらえている[18]」。こうしたアプローチはいまや支配的なものとなったが、それは次の三つの概念からなっている。すなわち人民、エリート、そして人民の一般意志である。

4 人民とは何か？

人民は政治的言説でしばしば言及されるカテゴリー上の言葉である。なぜなら、このカテゴリーは、マーガレット・カノヴァンの表現によれば、二重の「魅力」を生み出すものであるからである。すなわち、「政治家にとって人民という語の持つ強大な魅力は、この用語が全く厳密な意味を欠いたものであると同時に、レトリックの共鳴力に恵まれているという事実に由来する[19]」。レトリックの共鳴力はどこから生まれるのか。

人は誰でも「自分の」人民、「自分の」政治的空間創出の神話を作り出す。すなわち、「人民―国民」、「プロレタリア」、「下層の人びと」、「生粋のフランス人」、「左翼の人びと」など、そのリストは長い。

こうした多様な用法の背後から三つの了解事項が浮かび上がってくる[20]。

人民とは同一の領土の上に暮らし、同じ政府に従い、ある種の文化を共有する存在である。この場合、人民の概念は同一の国家の市民全体に非常に近いものである。

これはまた貧しい生活条件に甘んじる市民の全体を指すこともできるが、その場合には、生まれ、文化、生活レベルなどの点で特別に恵まれた市民とは対立することになる。そして人民の観念は平民、プロレタリア、「下層階級の人びと」、「労働者大衆」などと近いものになる。これはフランス共産党のかつてのリーダーであるモーリス・トレーズ（Maurice Thorez）が、彼の美化された自伝『人民の息子』[21]の中で使用した「人民」である。共産党はこうした観念にのっとり、その政治プロジェクトを述べ、まさにこの観念にもとづき、何十年もの間、「平民の党」、平民の利益を担う存在としての役割を演じてきたのである[22]。

こうした二つの用語使用法に、もう一つ受け入れられている軽蔑的な意味を付け加えることができる。群衆とみなされる人民である。すなわち、人民とは「下層民」、さらには「危険な階級」を意味する。人民はもはや高く評価されず、人びとを不安にさせ、非難の的とされる。こうしたアプローチはギュスターヴ・ルボン（Gustave Le Bon）にみられるものである。彼は一八九五年に出版した『群衆心理』の中で、群衆化した民衆の群居本能（grégarisme）と暴力について強調している[23]。

もちろん構築される政治理論は、生まれ、発展し、死滅する。かつて民衆を構成していたもの（工場労働者の姿、作業場の世界、連帯感など）はもはや今日の「人民」ではない。ブルーカラーにはホワイトカラー、工場にはオフィス、集団的連帯には個人の論理が取って代わった。

全体的に見ても、細分化された形でも、あるいは否定的な側面でとらえられても、「人民」というカテゴリーは強力な政治的手段として利用される。人民はあらゆる徳で飾られたものになるか、あるいはあらゆる激情の犠牲者となるだろう。人民は結集して一つになるか、反対に分裂し断絶したものになるだろう。人民とは日々作り出される意志の果実であるか、その反対に、すでに決定的に定まっているアイデンティティの遺産となろう。

人民は、美化されるにしても非難されるにしても、いずれにしても道具として利用される。理想化される場合には、それが左派であろうが右派であろうが、ポピュリズムはエスタブリッシュメント（ジャン＝マリー・ルペンの支配層、ジャン＝リュック・メランションでは少数者支配集団）と断絶した人民に常に呼びかける。こうしたポピュリズムは代表民主主義の危機や、それを動かす人びとを告発することで成長する。

こうしたポピュリズムの基本的な形態のすべてにおいて、重要な表現が見いだされる。それは人民に対して国の内外の分子、しばしば外国人が企てる陰謀である。資本家、エリート、都市住民、ユダヤ人、外国人、「金融寡頭制」、「二百家族」、帝国主義者などである。ピエール・ビルンボーム（Pierre Birnbaum）は、その優れたエッセイ『人民と金満家』の中で、民衆が繰り返し金持ちたちに加える非難の言葉に対する嫌悪感を語っている。(24) 同書の改訂版の後記において、「金持ち」は、「グローバル化によって生まれたスーパー・リッチたちに」ますますその座を奪われ、「後者は国民全体を痛めつけ、そのアイデンティティの危機さえ引き起こしている」と述べている。ビルンボームは、金持ちと対立する民衆という神話が向ける批判の対象はいまや移動していると考え、再構成のための分析を続けて次のように述べる。民衆神話は「真の変身を経験している。その理由は、今後は権力の問題に加えてナショナル・アイデンティティの変化に関する問いかけが必要になるからである。こうした問いかけは、予想外のその他の争点に広がっていくからである」。この新しいポピュリズムは、ヨーロッパに反対し、国民の安寧を破壊するグローバル化に反対するように人びとを動員しようとする。そして「普遍主義に気をつかい、移民に賛成し、フランス精神のシンボルには無関心になったエリートたちの脅威にさらされる文化の防衛の名のもとに国民を動員しようとする。その結果、グローバル化とヨーロッパ化は選挙の過程に大変動をもたらした。あらゆる種類の負け組は、脱国家的エリートにより危険にさらされ、文化的ナショナル・アイデンティティの地点まで後退して、身構えることになる」。

もちろん危機的状況の中でこうした論理は活性化され、「悪魔的因果関係」を強調しようとする人びとに活躍の空間を提供する。反ユダヤ主義の歴史を研究するレオン・ポリアコフ（Léon Poliakov）は、そうした因果関係は大いなる神話であると述べている。この神話に従えば、真の「憎しみの政治」、すなわちユダヤ人、フリーメースン、富豪、資本家、帝国主義者を「悪役に仕立て上げる」ことで、人民の間の結合が可能になるとされる。[25] ポリアコフはこの優れた著作において、人間社会における悪魔的因果関係の論理は歴史上古くからあった（例えばフランス革命の時代にはすでにユダヤ・フリーメースンの陰謀論、あるいは貴族の陰謀論が盛んであった）ことを明らかにしている。またポリアコフは、こうしたさまざまな状況下で、危機の背景（経済的、社会的、政治的、国民的、国際的など）がいかにして疑惑や嫌悪の念を目覚めさせ[26]、また隠された原因や神秘的力を探し求めるように人びとを仕向け、われわれを襲うさまざまな不幸な出来事の責任をやすやすと、そうした隠された原因や力に負わせてしまう事実をうまく説明してくれる。レオン・ポリアコフは次のように付言すべきか否か自問する。「特に大規模な危機に直面すると、アニミズム〔訳注：あらゆる現象に霊魂の働きを認める〕的因果関係が再浮上し、それが容易に行使されるようになるのは、精神の均衡を欠き、あるいはその統合が不十分であり、古臭い要求や誇大妄想的な欲望の抑圧が不十分な個人の場合である[27]」。

一部のイデオロギーはこうした陰謀論や共謀論を容易に受け入れてしまう。例えばナショナリズムや、共産主義もそうした例を多く提供してくれる。十九世紀末から二十世紀初めにかけての土地均分運動（agrarisme）においては、反資本主義と反ユダヤ主義とが共存している。ドイツやイタリアにおいては、こうしたタイプの運動は民衆の強い支持を受けた（ドイツの営農家同盟、イタリアの農地防衛同盟など）。

これらの運動においては、いずれも民衆は単なる政治的権利を持つ主権者たる人民ではなく、それが奪われた場合には、それを取り戻そうとした存在である。人民は平凡な人びとや普通の市民の集合体ではなく、権力から排除されていると感じている人びとである。人民はまた民族あるいは市民の名称で定義される国民共同体でもある。

5　現代のポピュリズムと人民の姿

一九八〇年代初頭、マーガレット・カノヴァンはポピュリズムを大きく二つのタイプに分けた[28]。第一のタイプは、彼女が農地ポピュリズムと命名したもので、十九世紀末のアメリカ農民の急進主義である。これはある意味、後に〔フランクリン・〕ローズヴェルト（〔Franklin〕Roosevelt）のニューディール政策のもとになる進歩主義の前触れとなり、中東欧（ポーランド、ルーマニア）における農民運動、あるいは農村共同体の理想化にもとづくロシア・インテリゲンチアの農民社会主義などの前兆となったものである。

第二のタイプは、政治的ポピュリズムである。これは第一のタイプよりは近代的なものであり、「人民主権」の民主的観念に準拠して大衆を動員しようとする。

マーガレット・カノヴァンは、政治的ポピュリズムは四つの様相を帯びると考える。第一は、ポピュリスト的独裁である。これはナショナル・ポピュリズム型の権威主義体制である。ラテン・アメリカのポピュリスト的独裁政治（césarisme）が好例である。第二は、ポピュリスト的民主主義であり、スイスの政治システムが試みているものである。代表民主主義と並んで、直接ないしは半直接民主主義が重要な地位を占めている[29]。そこでは直接民主主義は、民主主義を否定するものか、あるいはむしろ発展させるものかをめぐって、果てしない論争が続いている。第三は、反動的ポピュリズムであり、一九六〇年代のアメリカ南部でジョージ・ウォレス（George Wallace）が展開したものである[30]。このタイプの政治的ポピュリズムは、たとえそれが外国人嫌いや、彼らの追放を要求する感情を広めるものであったとしても、声なき大衆（サイレント・マジョリティ）の関心事を表現したものであると主張する。第四は、政治屋のポピュリズムであり、民衆にイデオロギー的、政治的分断を乗り越えて結束を呼びかける、ポピュリズムのありふれた形態である。このように一覧表にしたポピュリズムは多くの政治リーダーたちに利用されている。

ピエール＝アンドレ・タギエフ（Pierre-André Taguieff）はマーガレット・カノヴァンによる類型論の重要性を認めるものの、彼はその形態以上に議論の内容、特に「人民」を登場させるやり方にこだわって、この類型論を洗練しようとした。彼は、ここで言う人民がデモス（民衆）であるのかエトノス（民族）とされるのかによって、[31]社会の在り方に対する抗議としてのポピュリズムか、ナショナル・アイデンティティの主張としてのポピュリズムかの二つに分けられると考える。[32]タギエフにとって、これは理念型上の区別であり、経験にもとづく現実においては、ポピュリスト運動はこの二つのタイプを不均等な割合で混合させたものである。

一つ目の、抗議としてのポピュリズムにはいくつかの非常に重要な特徴がある。その特徴として五つの要素を数えることができる。①エリートの告発を促す人民への呼びかけ。②人民は普通の市民全体と定義される。③超民主主義[33]（直接民主主義、イニシアティブ）は代表民主主義の批判を伴う。④カリスマ的個人への権力の集中。⑤「民衆資本主義」は固有の諸価値を擁護して、しばしば経済的保護主義に近づき、反グローバル化や自由貿易反対の意見を表明する。これら五つの構成要素は抗議としてのポピュリズムの内容を明示している。あらゆる徳を備えるデモスは、堕落し、くたびれ、役立たずで、民衆の関心事に背を向けるエリートに反対する存在である。

二つ目の、アイデンティティの主張としてのポピュリズム、あるいは別名ナショナル・ポピュリズムは抗議としてのポピュリズムの特徴の多くを共有しつつ国民全体に対する呼びかけを強調する。国民全体というのは「実質的な統一性を有し、永続的なアイデンティティを備えた存在である」[34]。デモスよりもエトノスにもとづくことで、ピエール＝アンドレ・タギエフの表現によれば、何よりもまず「上にいる者よりは、正面にいる者を、エリートよりは外国人」を批判し、拒絶する。エリートは「外国勢力」の手先とみなされるときには拒絶される。グローバル化、コスモポリタン主義、アメリカ風、外国人の横行などが告発され、外国人嫌いや人種差別の色合いを帯び、他者の追放が主張されるようになる。

こうした視点に立って、フランス流ナショナル・ポピュリズムの具体的姿をどのように分析していったら良いであろうか。

6 フランス流ナショナル・ポピュリズム

国民連合（RN）とマリーヌ・ルペンのナショナル・ポピュリズムは抗議と同時にアイデンティティの主張も含むものである。人民はデモス（民衆）であり、立派で明晰で、高徳であり、エリートのように卑劣ではない庶民である。また同時にエトノス（民族）でもあるとされる。この後者の意味では、人民のナショナル・アイデンティティは歴史的、民族的視点からとらえられ、その純粋なアイデンティティは汚染と破壊の危機に瀕しているとされる。

ピエール＝アンドレ・タギエフはナショナル・ポピュリズムの五つの基本的特徴を導き出すが、フランス以外でも同様の例を見いだすことができる。

第一の特徴は、人民に対する政治的呼びかけのタイプである。それは、「人民に対する呼びかけは個人的なものである。そのシンボルとしての有効性は、デマゴーグであるリーダーのカリスマ的な権威を前提としている。リーダーは社会的・政治的運動の奥義を極めた人物でなければならない[35]」。その呼びかけはリーダーと人民との間に、ある種の相互浸透現象を作り出す。一九八八年の国民戦線（FN）のポスター「ルペン、それは人民である」にその現象を見ることができる。このポスターからは、マルセイユの競輪場に集まった匿名の群衆を背景にして演説するジャン＝マリー・ルペンの姿が浮かび上がってくる。二〇一一年のトゥールの党大会で、党の活動家たちを前にしてマリーヌ・ルペンはその演説の結論を次の表現で締めくくった。「われわれが、われわれこそが人民である！」。また彼女は、自分自身を仲立ちとして初めて人民は具体的存在となると主張した。

第二の特徴は、政治的呼びかけは人民全体に向けられていることである。ここでの人民には、原則として階級、イデオロギー的傾向、文化的タイプなどの違いはない。目標とされているのは、国民的枠組みの中で階級を超えた結集を実現することであり、年齢、性別、社会階層などによる分断を超えて結集する人民を生み出すことにある。

第三の特徴は、本物の人民への直接的な呼びかけである。その人民とは、「健全な、素朴で、まじめな、誤りを犯すことのない本能に恵まれ、善行に几帳面に従う[36]」人びとである。呼びかけは伝統的な仲介者や調停者なしに直接的になされる。そしてこのように高く評価された人民は「既存の体制」、「エスタブリッシュメント」と対立することになる。とはいえ、この点で評価される人びととは、必ずしも人民全体を意味しない。というのも、人民の一部はその他の人びとよりも「健全」であるからである（他の人びととは、特権的な勢力、官僚、テクノクラート、グローバル・エリート、コスモポリタン主義者、共同体主義者などを指す）。マリーヌ・ルペンは二〇一一年のトゥールでの演説で、次のように述べている。「衰退する力と再興する力の間の闘い、屈服する者とあえてノンという者との闘い、人を裏切り自分をエリートと称する者と、立ち上がる人民との間の絶え間なき闘い」。

第四の特徴は、運動のリーダーが体現する、救済を目指した断絶の要求と関連している。それは「第二のフランス革命」、さらには「マリーヌの青い波」を求める呼びかけである。

最後に第五の特徴は、民族的出自ないしは文化的帰属に応じて人びとを区別するように呼びかけることである。一部の集団が糾弾されたり、同化不能と判断されたりする。外国人嫌いとは、何よりもまず移民を嫌悪する外国人嫌いである。そしてナショナリズムの中に組み込まれた人種差別は「かつてのフランス的植民地帝国主義の特徴である進化論的な人種差別と」、一九八〇年代初頭の「文化的、差異主義的立場に立つ新しい人種差別とを折衷したもの[37]」である。

ナショナル・ポピュリストの描く「人民」の姿は、すでに見てきたように、以前から使われてきた政治的レトリックの一つであるが、今日次第に多くのヨーロッパ諸国の間にも広がってきている。経済的・社会的危機、グローバル化、高進する対外的開放などからの激しい攻撃を受けて、保護されるべき人民の姿が甦り、いまや決して無視できない文化的・政治的空間を発見する過程にある。保護されるべき人民は自己の内奥に潜むアイデンティティに救済手段を求め、カリスマ的人物の中に自己の具現化された姿を求める。それはあたかもグローバリゼーションという風車に挑むドン・キホーテのようであり、内外の邪悪で有害な勢力と対峙する存在である。

7　エリートとは何か

手短に言えば、ポピュリストはエリートを道徳的基準で識別する。純粋で誠実な人民に対して、エリートは堕落し、腐敗した性格ゆえに異なる存在であるとされるようだ。しかし道徳的違いを超えて、ポピュリストはいかなる定義をエリートという語に与えるのであろうか。彼らはエリートについての一元論的（moniste）概念を伝播させる。それによれば、政治的、行政的、経済的、社会的、文化的ヒエラルヒー秩序の上部に位置を占める人びとは、絶えず人民の一般意志に反する行動をとり、同じ階層に属する自分たち固有の利益を頑なに守っている。

こうした権力を伴う地位に基づく定義は、ポピュリストが権力の座についた場合には当然のことながら、問題を引き起こすことになる。というのも、そのとき彼らはエリートの一員になるのであり、その場合エリートを定義するために新たな道徳的規準に助けを求めなければならないことになる。そこでポピュリストたちは、真の権力は人民により民主的に選ばれたリーダーたちの手を離れ、闇に隠れた諸勢力の手中にあると考える。そしてそうした闇の勢力は、新たに成立したポピュリストの政治権力を奪い取り、表明されたばかりの人民の声を根底から掘り崩してしまう、と主張する。ポピュリストのリーダーたちは一様ではないが、同じようなレトリックを駆使して自己の政策の失敗を正当化する。スロバキア首相のウラジミール・メチアル（Vladimír Mečiar）〔任期一九九四―一九九八年〕、ベネズエラのウゴ・チャベス〔任期一九九九―二〇一三年〕（そして後継者のニコラス・マドゥロ〔任期二〇一三年―〕）、さらにはインド首相のナレンドラ・モディ（Narendra Modi）〔任期二〇一四年―〕などがそうである。彼らは自分の失敗はコスモポリタンの闇に潜むエリートたちの仕業であるとして自己を正当化した。一九六四年にアメリカの歴史家のリチャード・ホフスタッター（Richard Hofstadter）がすでに指摘したように、偏執狂的スタイルは、とりわけアメリカのポピュリズムの特徴の一つである。それは反知性主義、外国人嫌い、陰謀論的傾向などである。[38] ドナルド・トランプは大統領時代に、政府のこうした偏執狂的傾向をその絶頂にまで高めた。

社会階級に基づく定義に満足することなく、ポピュリストたち（左派にしろ、右派にしろ）は経済的カテゴリーに頼ることを躊躇しない。彼らは、「政治階級」は経済エリートとビッグ・ビジネスの手内にあると考える。ポピュリストのリーダーたちは、自分たちが実行しようとした政策が成功しなかったのは、ビジネス・エリートたちによる経済的サボタージュのせいであるとして、彼らを断罪した。しばしば、これらの経済エリートたちは国民共同体の一員とはみなされず、外国の利益に操られ、コスモポリタン的あるいは無国籍的価値に動かされているとされる。アメリカ帝国主義、イスラエル、ＥＵ、ドイツを盟主とするヨーロッパなどは、いずれも「自国の」人民の利益に反して行動するエリートたちであり、彼らを失墜させようとして、ポピュリスト指導者たちはこれら行為主体を引き合いに出す。

こうしたエリートたちの（陶片）追放は民族的、文化的基準から行われることがある。すなわち、これらエリートたちは必ずしも「自国民」とは言えないだろうし、また市民としての基準からしても「善き国民」とは呼べないだろうとされるのである。

そうしたことから、ポピュリズムはエリートを排除して――彼らは人民の一部ではありえない――国民代表を独占しようとする政治的・道徳的要求のように見える。「われわれは百パーセントの存在だ！」とポピュリストは叫ぶ。ヤン＝ヴェルナー・ミュラー（Jan Werner Müller）は道徳的側面が決定的に重要なものであると考え、次のように述べる。「ポピュリズムは政治について非常に明確な見解を有している。ポピュリストたちは、エリートは不道徳的で、堕落し、他者に寄生すると考え、同質的で、道徳的に純粋とみなされる人民とは常に対立すると考える。こうしたエリートたちはこの点で人民と共通するところは何もない[39]」と批判する。このように悪役に仕立て上げられたエリートたちは、「一体と見える人民」を代表すると主張できなくなる。それに対して、ポピュリストのリーダーはこうした人民を独占的に代表すると主張し、また人民の意志はポピュリスト指導者により完全に確認できるとされる。そもそもエリートと「偽の人民」は、真の人民の意志から排除されているのであるから、多元主義など無用なものである。ナンシー L・ローゼンブラム（Nancy L. Rosenblum）は全体論（holism）についてさえ言及する。というのは、こうしたタイプの政治的潮流は分裂を体現する諸政党に対抗して全体性を表現できると思われるからである[40]。代表制の外に置かれた政治以前（prépolitique）の人民という考えは、ジャン＝ジャック・ルソー（Jean-Jacques Rousseau）の暴民支配（ochlocratie）の考え方から、それほどかけ離れたものではない。ルソーはそれを民主主義の堕落であると考える。一般意志（volonté générale）が実際には一部の人びと、最も声の大きい人、ないしは群衆の意志に過ぎないものとなってしまうからである。

8 一般意志

事実、ポピュリズムは、ジャン＝ジャック・ルソーから着想を得て、一般意志の概念を使っている。ルソーは『社会契約論』（一七六二年）の中で、一般意志は特殊利益を調整させることで共通の善に向かっていく、と考える。ここでいう一般意志とは多数者の意志のことではない。それは「すべての人の意志の多様な相違の合計である」〔訳注：特殊利益から互いの相違を相殺したときに残る利益の総和のこと（参考、桑原・前川訳、『社会契約論』岩波文庫版の四七ページ）〕。主権は一般意志を直接的に表現し、その意味では代表という観念を排除する。すなわち、「主権は代表されえない。同様の理由から主権を譲り渡すことはできない。主権は本質的に一般意志の中にある〔…〕。人民の代議士は一般意志の代表者ではないし、そうあることはできない。議員たちは代理者に過ぎないのである。彼らはいかなることも最終的に結論することはできない。人民みずからが正式に承認したのではないあらゆる法律はすべて無効である[41]」〔訳注：参考、上掲書一三三ページ〕。

マーガレット・カノヴァンによれば、こうした視点からするとポピュリストの政治指導者たちは、何が一般意志であるかを理解するに十分なだけ、開明的であらねばならない。また一般意志を実行するにあたり、市民個人をまとまりのある共同体に仕立て上げることができるだけの十分なカリスマ性も必要とされる。ウゴ・チャベスは二〇〇七年一月の（大統領）就任演説の中で、ポピュリストによる一般意志理解の好例を見せてくれた。

政府、基本的法律、憲法がよって立つ主要な要素について、国民全体の意見を聞くことほど、人民の教義と一致するものはありません。人は誰でも誤りと誘惑を免れることはできません。しかし人民は違います。人民は自己の内に自分自身の善についての高度な認識と、自身の独立の尺度を持っています。なぜなら、人民の判断は純粋であり、その意志は強固であり、いかなるものも彼を堕落させ、動揺させることはできないからです。

ここにはポピュリズムが政治的代表制の観念を受け入れることに対する反感や困難が見て取れる。ポピュリストの目には、すべての代議政体は一般意志を裏切る貴族政治の一形態である。その反対に、国民投票や人民投票を伴う直接あるいは半直接民主主義はそうした裏切りを引き起こすことなく、一般意志を直接に表現するものである。人民と権力とを結ぶ直接的な絆を実現するために、伝統的な代表民主制を無視してしまうことを可能とするすべてのものが優遇される。例えば、国民投票、人民発案などにもとづく公務員の罷免や法令の廃止などである。これらすべての制度や手続きは、いずれも人民の一般意志を構成するものとされる。

こうした制度化された手続きを超えて、ポピュリストの一般意志は「良識」や「常識」であると主張する。二〇二〇年四月十九日、テレビのフランス2で、新型コロナウイルスが引き起こした現在の衛生上の危機の状況下で、何を信頼しているかと問われて、国民連合（RN）の党首は答えた。

私は良識を信頼しています〔…〕もし過去三か月の間、私たちが良識に従っていたら、三か月にわたって繰り返された失敗の埋め合わせをする能力が私たちにあるかどうか心配する必要などなかったでしょう。

ポピュリストたちにとって、「良識」はエリートの主要な特質ではない。その一方、良識は強いアイデンティティを持つ人民を構成する基盤であり、指導者たちが実行する間違った解決策を再検討することを可能にする。それは「人民に権力を取り戻させる」ことである。というのも、人民は常に正しい存在であるからである。「いかなる人も、人民に対して自分の正しさを主張することはできない――〔ジャン＝クロード・〕ユンケル（〔Jean-Claude〕Junker）氏〔訳注：前EU委員長〕や〔アンゲラ・〕メルケル（〔Angela〕Merkel）氏〔前ドイツ首相〕、また芸術家たちも、フランス経団連や労働組合も、UOIF（フランス・イスラーム組織連合）〔訳注：現在の「フランスのムスリム」〕やキリスト教会も同様に不可能である[42]」。しかしこうした人民の、一般的で同質的な、議論の余地なき意志の観念には裏面があることも認めなければならない。それは権威主義である。

政治のポピュリスト的概念はカール・シュミット（Carl Schmitt）の考え方に類似している。彼は一九三〇年代、民主主義は、人民の意志と法律との一致の上にしか存立しえないと考えた[43]。ここでいう意志は同質的な人民の存在と、その強いまとまりを前提とする。また人民に属する人びとと、そこから排除される人びと、つまり平等な人びとからなる人民と、それに属さない人びととの間の明白な区分の存在を前提としている。こうした明白で絶対的な一般意志についての認識は、権威主義と自由主義に対する敵意を正当化し、人民の同質性に脅威を与える人びとを糾弾することに道を開くことになる。

9　反政治的側面

この点で、ポピュリズムには反政治的側面がある。というのは、人民の同質的な実体に意見の対立を持ち込むことを許さないからである。ポピュリズムの人民に対する関心は、生まれ故郷、家族としての人民、ポール・タガートが「ハートランド」（中核地域）と呼ぶものに対する感受性に由来する。ハートランドとは、「想像上の領域であり［…］、日常生活上のプラスの側面を具体的に示してくれるこの領域は守るに値するものである[44]」。この夢想された人民は理想化された過去の人民であり、そこからは内部の分裂や亀裂のあとは消し去られている。

同質的で単一の、偽りのない、清廉潔白な人民からなる理想化された共同体は、多くのポピュリズムが共有する反政治的な全くのユートピアである。この共同体は一般意志の保有者であり、日々対立を繰り返す多数の個別的意志に分割されることはない。代表民主主義においては、個別的意志は表明され、そして妥協が図られるのが常である。

ポピュリストの一般意志は多様性や多元性を毛嫌いする。そして完全に内部の和解が実現した社会、ある意味で政治の終焉を夢想する。こうした考え方は、左右を問わずさまざまなイデオロギーに取りつかれているものである。

もちろん弱いイデオロギーとして、ポピュリズムは、より構造化された受け皿となるイデオロギー(host ideologies)の中に組み込まれている。それらのイデオロギーは多様で、最も偏狭なナショナリズムから最も正統派的な共産主義に至るまで多彩な虹のようであり、それら両端の中間には社会主義と自由主義が位置している。

10　包含的ポピュリズムと排外的ポピュリズム

とはいえ、カス・ミュデとクリストバル・ロヴィラ・カルトワッセルの目には、根本的な境界線は「包含的ポピュリズム」(populisme d'inclusion)と「排除的ポピュリズム」(populisme d'exclusion)の間に引かれているように見える。[45] 社会・経済的、政治的、シンボル的の三つの側面に分けてみると、それぞれの側面ごとに上記二つのポピュリズムの変異型が識別される。

第一の社会・経済的側面では、異なる社会集団間の資源の分配に照らしてみると、①福祉国家を通じて大量の再分配を行うプログラムを持つポピュリズムと、②自国民のみに再分配を限定するポピュリズム＝福祉国家の排外主義(welfare state chauvinism)とが対立する。第二の政治的側面については、代表民主主義において、伝統的選挙による有権者の動員を上回る政治的動員を実現しようとする際にも二つのタイプがある。①社会的排除の影響を受けている集団を高度に動員しようとするポピュリズムと、②移民出身者からなる集団を犠牲にして、自国民に限定した動員を図るポピュリズムである。第三のシンボル的側面については、①「人民」として、そのすべての構成要素を内に含めようと努めるポピュリズムと、②「人民」は社会的・文化的差別にもとづき、一部の集団を排除した形で構成されると考えるポピュリズムである。

第一のタイプの包含的ポピュリズムは、広くラテン・アメリカ諸国の例にみられる（ウゴ・チャベス、次いでニコラス・マドゥロのベネズエラ、エボ・モラレス（Evo Morales）のボリビア、ラファエル・コレア（Rafael Correa）のエクアドル、ネストル・キルチネル（Nestor Kirchner）のアルゼンチン）。またヨーロッパ左派勢力の中にもみられる（ジャン゠リュック・メランションの〈不服従のフランス〉、パブロ゠イグレシアス・トゥリオン（Pablo Iglesias Turrión）の〈ポデモス〉〔スペイン〕、アレクシス・ツィプラス（Alexis Tsipras）の急進左派連合〈シリザ〉〔ギリシア〕……）。

第二のタイプの排除的ポピュリズムは右派の、そしてしばしば極右組織の特徴である（マリーヌ・ルペンの国民連合〔フランス〕、マッテオ・サルヴィーニの〈同盟（レーガ）〉〔イタリア〕、クリスティアン・トゥールセン・ダール（Kristian Thulesen Dahl）のデンマーク国民党（ＤＦ）、ヘルト・ウィルダースの自由党〔オランダ〕……）。これら二番目のタイプの潮流は、とりわけフランスとヨーロッパにあって、今日のポピュリズムの支配的な形態である。

政治学者のピエール＝アンドレ・タギエフが「ナショナル・ポピュリズム」と呼ぶものは、ヨーロッパ諸国の大部分において政治的主導権を握った。そしてこれら諸国が半世紀以上にわたり経験した政治システムとイデオロギーに主要な変化を引き起こす力となった。ナショナル・ポピュリズムは二十世紀の後半において、それまでヨーロッパの民主的政治生活に活力を与えてきた「大」イデオロギー（共産主義、社会主義、キリスト教民主主義、自由主義、保守主義）の残骸の上で今日繁栄を極めている。こうしたポストモダンの条件の特徴的な衰退は、脱工業化社会に影響を与えた重大な社会的変動と重なり合うことになった。そしてそこにナショナル・ポピュリズムの生存に適した空間が生まれたのである。

11　そしてファシズムは？

現代のナショナル・ポピュリズムのことを、かつてのファシズムをほんの少しだけ現代化しただけのものとみなしたり、ネオ・ファシズムと呼んだりする誘惑にかられることがある。この場合、ナショナル・ポピュリズムには、ハンナ・アーレント（Hannah Arendt）がイデオロギーについて述べた意味での「強い」イデオロギーの特徴が認められることになる。アーレントにとって、イデオロギーとは世界の最終的な定義、すべてを説明する、異論の余地なき、重要な論理主義[46]（logicisme）であると特徴づけられる。こうしたアプローチに従えば、ナショナル・ポピュリズムは一世紀前のファシズム同様に、ナショナリズムの革命的一形態に過ぎないといえるかもしれない。革命的ナショナリストの目指す方向といえば、根本的に反リベラルであり、多元主義に強く敵対するものである。こうしたネオ・ファシズムは過去においてそうであったように、グローバル化と激しくなる一方の国際競争により引き起こされた、諸国家の弱体化の過程に対する対応の試みであるといえるかもしれない。

ヨーロッパにみられるナショナル・ポピュリズムを注意深く検討してみれば、その大多数はファシズムのように革命的でもなければ、また反民主的な要素を持つものでもない。今日のナショナル・ポピュリズムは一九二二年から四五年の時代にみられたファシスト運動やファシスト政党とは異なり、民主主義体制を拒否する革命的な政党ではない[47]。

一九二〇年代と三〇年代のファシスト政党は、大変深刻な経済的・社会的危機の状況下で生まれた。当時の危機は一九二九年の大恐慌から生まれたもので、今日の状況とは大いに異なる。またファシスト政党は、第一次大戦が引き起こしたさまざまなフラストレーションを基盤として発展した。ドイツにおける侮辱された敗者、イタリアにおける無視された勝者が感じたフラストレーションなどである。今日のヨーロッパでは経済的・社会的悲惨や、長期にわたる血なまぐさい紛争が起こることは予想されない。かつてのファシスト政党は全体主義政党でもあった。すなわち単一政党が社会全体を上から下まで支配することになっていた。オーストリアの自由党（FPÖ）、フランスの国民連合、オランダの自由党（PVV）、イタリアの〈同盟（レーガ）〉などは、複数政党制民主主義から離脱するとは主張しない。それどころか、「既存の確立された民主主義体制の民主化を目指して焦点の定まらない熱情[48]」を抱くこともある。両大戦間期のいくつかの政党は、指導者原理（Führerprinzip）や統領崇拝（Duce）を実践した。しかし今日のナショナル・ポピュリスト政党の指導者たちの中心的役割は、はるかにそれに及ばない。こうした政党の一部では、「創立者」の威信を失墜させることさえ試みることもある。例えば、ジャン＝マリー・ルペンをのけ者にしようとするたくらみを、彼の後継者である娘のマリーヌ・ルペンが二〇一五年の春に実行した。同様の試みはポーランドの〈新右派会議〉（ＫＮＰ）でも起こった。「党の創立者」のヤヌシュ・コルヴィン＝ミッケ（Jansz Korwin-Mikke）は党首の座を追われた。さらに付け加えれば、今日いかなる党派においても、国家の経済への大規模な介入を求めない。この点でナチスやファシストとは異なる。またコーポラティスト的〔訳注：公権力による労使協調体制〕社会の組織化を望まない。過去の眼鏡をかけて現状を見てはいけない。さもないと、今日のナショナル・ポピュリズムの持つ現代的側面を見落としてしまうことになる。過去からの系譜に過度にこだわると、新しい政治現象が持つ内容の豊かさと独自性とを正しく認識できなくなる恐れがある。

とはいえ興味深いことに、今日までヨーロッパで生き延びてきている、大半のファシスト・タイプの極右勢力は活力を失っていることである。以下の諸党派がその好例である。過ぎ去ったフランコ主義に対するノスタルジーにがんじがらめにされている、スペインの極右政党のファランヘ・エスパニョーラ・デ・ラス・ホンス（国民サンディカリスト行動隊）。ムッソリーニのファシズムの後継者であるイタリアのネオ・ファシズム（新しき力（Forza Nuova）、社会運動・三色の炎）。いまだに〔アントニオ・〕サラザール（António Salazar）独裁の記憶に浸る、ポルトガルの極右政党の国家革新党などである。これに対して、かつての党派からは多少とも離れた後継者たちが、今日的課題に取り組み、素晴らしい成功を収めたケースもある。オーストリアのＦＰÖ、フランスのＲＮ、デンマークのデンマーク国民党

(DF)、ノルウェーの進歩党(FrP)、さらにはオランダではピム・フォルタイン党(LPF)〔訳注：二〇〇二年設立、〇七年解党〕や、オランダ自由党(PVV)などがある。これら各国の政党はいずれも一〇%のラインを大幅に超え、またときには二〇%を超える票を獲得することもある。

イギリスの著名なファシズム専門家のロジャー・グリフィン(Roger Griffin)が認めるように、ほとんどすべてのナショナル・ポピュリスト政党は今日、リベラルなシステムの枠内で闘っている。すなわち「民主的なゲームのルールを採用し、他者が自分とは異なる意見を持ち、また相いれない価値観に従って生きる権利を認めるように努めている[49]」。結局のところ、ナショナル・ポピュリズムと他の政治思想上の傾向との違いは、民主主義や法の支配といった領域での立ち位置の違いよりも、むしろ〔自国〕文化保護主義に見られる民族的多元主義アプローチに根を張る「急進的な自国生まれ重視」の立場にある。この考え方では、文化や民族性〔の違い〕は全く両立不可能なものとされる[50]。

12 自国生まれ重視(nativisme)のポピュリズム

極端な自国生まれ重視は「排除のポピュリズム[51]」の中核をなす。それを特徴づけるのは、市民権の制限的とらえ方である。すなわち「真の」民主主義は、ずっと以前から居住する市民だけをその構成メンバーとする同質的共同体に根づくものである。こうした視点からすると、仕事のない外国人、罪を犯した外国人、あるいは公的援助の申請を却下された人びとは共同体のメンバーから排除されることになる。排除のポピュリズムは既存の権力や支配的考え方に抵抗して「人民」に訴えかける。そして人民の本当の参加と政治制度の根底からの改革を要求する。「排除のポピュリズム」は民衆の恨みを大いにかき立てる。マックス・シェーラー（Max Scheler）が言うように、恨みの感情は個人の劣等意識や弱さの体験に由来する。[52] 自己喪失感、能力不足、またその逆に、こうした状況を甘受しようとしない気持ちなど、つまり〔社会に対して〕根強い不正義の感情を持つことの結果である。ナショナル・ポピュリズムはこうした恨みの感情をとらえ、それをさまざまな「標的」と結びつける。例を挙げれば、イタリアやベルギーにおける「南部」、フランスやオーストリアにおける移民出身のマイノリティ、ブルガリアのトルコ系やロマ人系マイノリティ、アメリカ合衆国における「ワシントン」、そしてすべての国において「政治的・知的エリート」が批判の対象にされる。

排除のポピュリズムは、そんなわけで次の三つの要因の組み合わせからその力を引き出してくることになる。第一に、エスタブリッシュメントに対する民衆の恨みを絶えず訴えかけること、第二に、「普通の市民」の権力回帰への不断の呼びかけ、第三に、自国において優遇措置を受けられるように市民の権利の向上を目指すこと。一部の集団や観念的存在物を排除しようとする意志は、最初は政治的・文化的領域において発展し、それは次第に経済的・社会的分野を覆いつくすようになった。一九八〇年代においては、こうしたナショナル・ポピュリストの大半は、新自由主義的な計画〔民営化、減税、規制緩和など〕を主張していた。しかし今日では、彼らは経済的保護主義と国民国家の介入を奨励する経済的ナショナリズムを主張するようになった。こうした変化の諸要因が重なり合った結果が「排他的福祉国家主義」（exclusionary welfarism）政策である。その中身は以下のような要因の混合体である。社会的公正の要求、グローバル化された金融資本主義の告発、大規模失業と闘う意志、強力な庇護者としての国家の実現要求、民族を基準にした市民権の制限的取り扱いにより、再生され制御された国民共同体の防衛などである。

「国民優先」への呼びかけは、もっと幅広い計画と野心の一部をなす。ここでの野心とは、ハンス゠ゲオルク・ベッツ（Hans-Georg Betz）が「白人の抵抗」（white resistance）と呼ぶものである。こうした考え方はとりわけアメリカで発展したものであり、人種主義的ナショナリズムと白人優位主義という極端な思想にもとづくものであった。[53]「白人の抵抗」の中心概念とは何か。最近数十年間に、白人の生き残り、そしてとりわけ西洋文化の存続はますます危機に瀕するようになっているのではないかとの主張である。こうした観念はヨーロッパでは一部のナショナリストやポピュリストの運動に利用された。すなわち、移民は一種の「人口帝国主義」（impérialisme démographique）であり、それにより社会的疎外、社会の内部的結束の弱体化が引き起こされる。また域外からのヨーロッパ文明に対する脅威に屈服することで、ヨーロッパの崩壊を引き起こしかねない。[54]今日、ナショナル・ポピュリスト運動は「白人の抵抗」の人種差別的立場を共有することはない。また他の諸文化の支配や、その消滅を強く主張したりはしない。それよりも、われわれの社会、われわれの文化、われわれの生活様式を擁護し、守っていくことを目標とする、人種差別主義後（post-raciste）の民族的多元主義（ethnopluralisme）の立場を採用している。[55]彼らが前面に押し出す自国生まれ重視は文化的なものであり、ヨーロッパ・アイデンティティの運命と西欧的諸価値に関心を払うものである。

自国生まれ重視の考え方に対する反響は、今日の状況を考えると重要であるといわざるを得ない。例えばフランスでは、世論調査の質問に対して六五％の人は「以前はもっと良かった」と答えている。また六四％は、今では「以前と違って、もはや自分の国にいるとは感じられない[56]」と答えている。こうした考え方は、ヨーロッパに増加する一方のイスラーム教徒を通じて、イスラームの西洋文化に向けられた挑戦に対する闘いに収斂することになる。[57] ヨーロッパのポピュリストのリーダーたちは、イスラーム排斥を彼らの政治闘争の基軸に据えることになった。オーストリアのFPÖの元指導者のイェルク・ハイダーは一九九三年の著書の中で、次のように述べている。

イスラームの社会秩序はわれわれ西洋の諸価値とは相いれない。人権、民主主義は、女性の平等同様、イスラーム教と両立しえない。イスラームにおいては、個人とその自由意志は少しも重視されない。信仰と宗教上の闘い（ジハード）がすべてである。[58]

ヨーロッパ文化に立ち向かうイスラーム原理主義の脅威に対して人びとを動員することが、次第に多文化主義に対抗する闘いにおける中心的なテーマとなった。多文化主義はわれわれの社会を内部から解体する道具であると受け止められるようになったからである。イスラーム原理主義者によるテロがヨーロッパ諸国の中心（ドイツ、ベルギー、デンマーク、スペイン、フランス、オランダ、スウェーデン）にまで拡大することで、この排他的ポピュリズムに対して――すべてのイデオロギー（弱いものも含めて）が必要とする――敵が与えられることになったのである。

III 復活か発明か？

こうした現代ポピュリズムは、全く新しいものであろうか。いやポピュリズムは昔から見られる現実であり、その存在は四十年前からグローバル化とヨーロッパ化を背景にして、再発見されるようになったものである。ピエール＝アンドレ・タギエフが指摘するように、それは新しい現象の出現というよりも、〔古いものへの〕回帰現象である。[59] 一世紀半以上も前から、ポピュリズムは話題になってきている。そしてこの政治的傾向はかつて社会主義、ナショナリズム、農本主義、さらには保守主義といった多様なイデオロギーとの結びつきを持っていた。

1 ポピュリズムには歴史がある

最初のケースは、年代順に取り上げれば、一八五〇年代から七〇年代にかけてロシアで開花したナロードニキ運動（ポピュリスト）である。この運動はロシア民衆の真に農村的精神を称賛して、ツァーの権力と放埒なインテリ層を生んだ啓蒙主義的文化の欺瞞性に対峙させようとした。ナロードニキ運動は、大地への帰還と農民社会主義を推奨し、[60] ロシア社会の西欧化を断罪する一部の〔都市〕インテリたちの運動であった。スラブ主義と正教を中心とするロシアの将来像を擁護する者たちは、十八世紀初めのピョートル大帝により企てられた近代化に満足できず、それ以前の過去にノスタルジーを感じていた。この運動は一八八〇年代初めのテロリストの活動につながり、とりわけ一八八一年三月のアレクサンドル二世の殺害に至った。その後この運動は、一九〇一年の社会革命党設立の契機となり、同党はレーニンのボルシェヴィキ党の主要な対抗勢力となるであろう。同様に、この農村ポピュリズムは両大戦間期の東ヨーロッパにおける農民運動を活気づけることになる。[61]

二つ目の歴史上のケースは、一八九〇年代アメリカのポピュリズムである。この運動は、南北戦争により荒廃した西部平原の小麦栽培地と、南部の綿花栽培小農民の間に根を下ろした。[62]これらの社会階層は鉄道会社、銀行、大企業などの独占に反発した。一八九一年に設立された一つの政党、人民党（People's Party）は金融界の有力者たちに対する抗議運動にコミットした。同党は一九〇八年まで活動を続け、パイオニア精神の継承を試みつつ、北アメリカにおいて平等を希求する急進主義の最後の残り火を象徴するものとなろう。人民党からはジェイムズ・B・ウィーヴァー（James B. Weaver）が一八九二年の大統領選に立候補して、八・五％の得票を記録した。一八九六年の大統領選では人民党は民主党候補のウィリアム・ジェニングス・ブライアンを支持する。ブライアンは四六・七％の票を獲得するが、ウィリアム・マッキンリー（William McKinley）に敗れた。共和党支持者の間では、トランプの行動は彼一流のやり方ではあるものの、古いアメリカ・ポピュリズムの現代への蘇りであると受け止められている。[63]

三つ目の歴史上のポピュリズムは二十世紀前半の南米大陸で発展したポピュリズムの形態である。次のような指導者たちが典型的な人物である。ジェトゥリオ・ヴァルガス（Getúlio Vargas）は「貧者の父」とあだ名で呼ばれ、一九三〇年から四五年にかけてブラジルを指導した。アルゼンチンでファン・ペロン（Juan Perón）は妻のエヴィータ〔エヴァ・ペロン（Eva Perón）〕とともに、一九四六年から五五年にかけて、デカミサドス（descamisados）（シャツを着ていない人）の英雄であった。またホルへ・エリエセル・ガイタン（Jorge Eliécer Gaitán）はコロンビアで一九四〇年代に複数回大臣を務めた。ホセ・マリア・ヴェラスコ・イバーラ（José María Velasco Ibarra）はエクアドルで一九三〇年代から六〇年代にかけて何度も大統領を務めた。さらにヴィクトル・パス・エステンソロ（Víctor Paz Estenssoro）はボリビアで一九五〇年代初めから八〇年代にかけて大統領を〔訳注：中断を挟んで〕四期務めた。[64] ラテン・アメリカのポピュリズムはカリスマ的指導者が人民との間に築いた直接的な関係の上に成り立っている。こうした神の摂理に基づく指導者は民主的正統性を否定しないものの、それを人民投票のロジックの中に封じ込める。そして彼は寡頭政治における利害対立から解放され、新しい民主主義を創造することを可能にする刷新された国民共同体の再建者として振る舞うのである。[65] ポピュリズムの最初の二つのタイプ――ロシアと北米――は、今日真の意味で復活を遂げることはないであろうが、ラテン・アメリカのポピュリズムは以下のような長期にわたる、常に活発な遺産に恵まれるであろう。ウゴ・チャベス（一九九九年から二〇一三年のベネズエラ大統領）アレハンドロ・トレド（Alejandro Toledo）（二〇〇一年から〇六年のペルー大統領）、フェルナンド・ルゴ（Fernando Lugo）（二〇〇八年から一二年のパラグアイ大統領)、ラファエル・コレア(二〇〇七年から一七年のエクアドル大統領)、ネストル・キルチネル(二〇〇三年から〇七年のアルゼンチン大統領)、エボ・モラレス(二〇〇六年から一九年のボリビア大統領)などである。

2　農民擁護のポピュリズムと政治的ポピュリズム

一世紀以上にわたり、各地で多数出現したポピュリズムをマーガレット・カノヴァンにならって分類すれば、次の二つに分けられる。「農村急進主義」とも呼ぶべき農民擁護のポピュリズムと、政治的動員手段(直接民主主義、大衆の熱狂の利用、庶民や人民の理想化など)を特徴とする政治的ポピュリズムである。現実にはこれら二つのタイプは混じり合うこともある。十九世紀末のアメリカ人民党がその一例である。

カノヴァンは、これら二つの大分類から三つの農民ポピュリズム(十九世紀末ロシアのケース、北米のケース、さらには両大戦間期の東欧のケース)を導き出す。また彼女はそれとは別に、四つの政治的ポピュリズムを指摘する。

政治的ポピュリズムの第一は、ポピュリスト的独裁である。これはナショナル・ポピュリズムを基盤とした権威主義的政治体制であり、ラテン・アメリカにおける民衆支持にもとづく独裁政治が好例である。第二は、ポピュリスト的民主主義であり、国民投票や民衆を直接動員する新しい方式の採用を特徴とする。このタイプのポピュリズムは今日、ヨーロッパやその他の地域(ラテン・アメリカ、北米、アジア）に広がりつつあるように見える。この第一と第二のケースにおいては、ポピュリズムは大衆に対して市民的権利を開放するという意志により特徴づけられる。とはいえ、大衆は往々にしてポピュリズムの形式的側面しか知らないのである。第三の政治的形態は反動的ポピュリズムであり、それは一九六〇年代のアメリカで発展した。バリー・ゴールドウォーター（Barry Goldwater）、ジョージ・ウォレスなどが代表例である[66]。最後にマーガレット・カノヴァンの挙げる四番目の形態は、民衆統一の呼びかけにもとづき、広範の連携を成立させようとする政治家たちのポピュリズムである。多くはポピュリストとは呼べないが、ポピュリスト的政治手法のいくつかに頼ることを躊躇しない。これはムッシュー・ジュルダン〔訳注：モリエールの戯曲『町人貴族』の中の貴族になりたい主人公〕のポピュリズムである。彼はそうとは知らずに物事をやってのける……。

第一章原注

（1）C. Mudde, « The populist Zeitgeist », *Government and Opposition*, vol. 39, n° 4 (2004), p. 541-563.
（2）*Ibid*, p. 543.
（3）A. Collovald, « Le populisme comme stigmatisation », in Fondation Copernic, *Manuel indocile de sciences sociales*, Paris, La Découverte, 2019, p. 429-433.
（4）G. Mauger, « Populisme (2) », *Savoir/Agir*, vol. 1, n° 15 (2011), p. 85-88.
（5）P. Khalfa, « Le populisme comme revendication (et ses limites) », in Fondation Copernic, *Manuel indocile de*

sciences sociales, *op.cit.*, p. 433-438.

(6) L. Goodwyn, *Democratic Promise: The Populist Moment in America*, New York, Oxford University Press, 1976.

(7) M. Canovan, *Populism*, New York et London, Harcourt Brace Jovanovic, 1981.

(8) E. Laclau, *Politique et Idéologie. Capitalisme, fascisme, populisme*, Mexico, Sigle XXI, 1978 ; *La Raison populiste*, trad. J-P. Ricard, Paris, Seuil, 2008.

(9) R. Dornbusch, S. Edwards (dir.), *The Macroeconomics of Populism in Latin America*, Chicago, University of Chicago Press, 1991.

(10) P. Taggart, *Populism*, Buckingham, Open University Press, 2000, p. 102.

(11) P-A. Taguieff, « Télépopulisme : le modèle italien », en ligne : www.universalis.fr>populisme.

(12) M. Augé, *Non-lieux. Introduction à une anthropologie de la surmodernité*, Paris, Seuil, 1992. イーヴ・グーディノーとのやり取りの中で、マルク・オージェは次のように超近代を定義している。「超近代とは、パスカルの苦悶の大衆化のようなものである〔…〕各個人は古くからある仲介物の助けを借りずに、地球の広がりに直面する」(in *Cahiers de sciences humaines*, *Trente ans [1963-1992]*, numéro hors-série, Orstom Editions, 1993, p. 28).〔マルク・オジェ『非-場所——スーパーモダニティの人類学に向けて』（〈叢書〉人類学の転回）、中川真知子訳、水声社、二〇一七年〕

(13) F. Fukuyama, *La Fin de l'Histoire et le dernier homme*, trad. D-A. Canal, Paris, Flammarion, 1992.〔フランシス・フクヤマ『歴史の終わり』（上・下）、渡部昇一訳、三笠書房、二〇二〇年〕

(14) この点については以下を参照のこと。A. Giddens, *Beyond Left and Right, The Future of Radical Politics*, Palo Alto, Stanford University Press, 1994.

(15) A. Ehrenberg, *La Fatigue d'être soi. Dépression et société*, Paris, Odile Jacob, 1998.

（16）S. Verney, A. Bosco (dir.), *Protest Elections and Challenger Parties: Italy and Greece in the Economic Crisis*, London, Routledge, 2014 ; H. P. Kriesi, T. S. Pappas (dir.), *European Populism in the Shadow of the Great Recession*, ECPR Press, 2015 ; G. Hermet, *Les Populismes dans le monde. Une histoire sociologique* (*XIXe-XXe siècles*), Paris, Fayard, 2001 ; P.-A. Taguieff, *L'Illusion populiste*, Paris, Berg, 2002.

（17）H.-G. Betz, *Radical Right Wing Populism in Western Europe*, Houndmills, Basingstoke & London, Palgrave Macmillan, 1994, p. 4.

（18）C. Mudde, C.R. Kaltwasser, *Populism : A Very Short Introduction*, Oxford, Oxford University Press, 2017, p. 5.〔カス・ミュデ、クリストバル・ロビラ・カルトワッセル『ポピュリズム——デモクラシーの友と敵』永井大輔・髙山裕二訳、白水社、二〇一八年〕

（19）M. Canovan, *Populism, op.cit.*, p. 285-286.

（20）P. Perrineau, «Le peuple dans le national-populisme» in M. Wieviorka (dir.), *Le peuple existe-t-il ?*, Paris, Editions Sciences humaines, 2012, p. 295-304.

（21）M. Thorez, *Fils du peuple*, Paris, Editions sociales, 1970.〔モーリス・トレーズ『人民の子』日本共産党中央委員会宣伝教育部訳、日本共産党中央委員会出版部、一九六一年〕

（22）ジョルジュ・ラヴォー（Georges Lavau）はフランス政治システムにおけるＰＣＦ（フランス共産党）の果たす役割を「平民の機能」と呼んだ。古代ローマにおいては、平民（都市住民の全体（*populus*）から後に声望のある人（*nobilitas*）と呼ばれる貴族を除いたもの）の護民官は、平民の申し立てや利益を上層部に伝えていた。同様にＰＣＦはフランス政治システム内において、恵まれない階層の人びとからの要求の代弁者を自称している。G. Lavau, «Le parti communiste dans le système politique français», in F. Bon *et alii*, *Le Communisme en France*, Paris, Presses de la FNSP, 1969.

（23）G. Le Bon, *Psychologie des foules* (1895), Paris, Puf, «Quadrige», 2013.〔ギュスターヴ・ル・ボン『群衆心理』

桜井成夫訳、講談社学術文庫、一九九三年〕

(24) P. Birnbaum, *Le Peuple et les Gros. Histoire d'un mythe*, Paris, Grasset, 1995 ; rééd. *Genèse du populisme. Le peuple et les gros*, Paris, Pluriel, 2012.

(25) L. Poliakov, *La Causalité diabolique. Essai sur l'origine des persécutions*, Paris, Calmann-Lévy, 1980.

(26) 政治的権利の平等と、強い社会的・文化的差異化により特徴づけられるわれわれの社会における嫌悪感の役割については、次を参照することを薦めたい。M. Scheler, *L'Homme du ressentiment* (1933), Paris, Gallimard, «Idées», 1971. 最近では、C. Fleury, *Ci-gît l'amer. Guérir du ressentiment*, Paris, Gallimard, 2020.

(27) L. Poliakov, *La Causalité diabolique...*, *op.cit.*, p. 48.

(28) M. Canovan, *Populism*, *op.cit.*

(29) スイス国民党（ＳＶＰ／ＵＤＣ）はスイスで何回かの住民投票を実施した。テーマとしては、罪を犯した外国人の追放、イスラーム寺院のミナレット〔訳注：礼拝の時を告げる尖塔〕の建設、大人数での移民の反対などであった。住民投票のいくつかは、選挙民の多数により採択された（二〇〇九年、二〇一〇年）

(30) 人種差別主義者のジョージ・ウォレスは民主党員であり、アラバマ州知事を務めた。彼は数回にわたり、民主党の大統領候補指名選挙に出馬したが、一九六八年にはアメリカ独立党の候補者として立候補した。

(31) L. Seriot, «*Ethnos* et *demos* : la construction discursive de l'identité collective», *Langues et sociétés*, n° 79 (1997), p. 39-52 ; P. Zawadzki, «Entre *ethnos* et *demos* : les populismes en Pologne», *Mots*, vol. 55, n° 55 (1998), p. 27-44.

(32) P.-A. Taguieff, *L'illusion populiste*, *op.cit.*, p. 125.

(33) 二〇一一年一月十六日のトゥールでの演説で、マリーヌ・ルペンは、基本的権利とりわけ「人民の、人民による、人民のための権力」を再建したいと述べる。「要するに、われわれは国家を人民の手の内に取り返したいのです」。そして彼女は続ける、「直接民主主義は最良の統治形態です……」。

(34) P.-A. Taguieff, *L'illusion populiste*, *op.cit.*, p. 132.

(35) *Ibid.*, p. 136.

(36) *Ibid.*, p. 137.

(37) *Ibid.*, p. 143.

(38) R. Hofstadter, *The Paranoid Style in American Politics and Other Essays*, New York, Knopf, 1965; フランス語版は *Le Style paranoïaque. Théories du complot et droite radicale en Amérique*, trad. J. Charnay, Paris, François Bourin, 1992.

(39) J.W. Müller, *Qu'est-ce que le populisme ? Définir enfin la menace*, trad. F. Joly, Paris, Premier Parallèle, 2016, p. 52.〔ヤン゠ヴェルナー・ミュラー『ポピュリズムとは何か』板橋拓己訳、岩波書店、二〇一七年〕

(40) N.L. Rosenblum, *On the Side of Angels: An Appreciation of Parties and Partisanship*, Princeton et Oxford, Princeton University Press, 2018.

(41) J.-J. Rousseau, *Du contrat social*, éd. P. Burgelin, Paris, Flammarion, « GF », 1966, p. 134.〔ルソー『社会契約論』桑原武夫・前川貞次郎訳、岩波書店、一九五四年〕

(42) マリーヌ・ルペンの会見。二〇一七年四月三十日のフランス2テレビ。

(43) C. Schmitt, *Du politique. Légalité et légitimité et autres essais*, éd. A. de Benoist, Puiseaux, Pardès, 1996.

(44) P. Taggart, *Populism, op.cit*, p. 95.

(45) C. Mudde, C.R. Kaltwasser, « Exclusionnary vs. Inclusionary Populism: Comparing Contemporary Europe and Latin America », *Government and Opposition*, vol. 4, nº 2 (April 2013), p. 147-174.

(46) H. Arendt, *Les Origines du totalitarisme. Le système totalitaire* (1951), trad. J.-L. Bourget, R. Davreu et P. Lévy, Paris, Seuil, 1972. ハンナ・アーレントはイデオロギーのことを「ある観念の論理」と考える。そして人びとは「人間の能力に本来備わっている自由を論理の拘束衣と交換してしまう」ものである。

(47) P-A. Taguieff, *La Revanche du nationalisme. Néopopulistes et xénophobes à l'assaut de l'Europe*, Paris, Puf, 2015, p. 62-64.

(48) *Ibid.*, p. 225.

(49) R. Griffin, « Interegnum or Endgame? Radical Right Thougt in the Post-Fascist Era », *Journal of Political Ideologies*, vol. 5, n° 2 (2000), p. 273; « Afterword: Last Rights? », in S.P. Ramet (dir.), *The Radical Right in Central, and Eastern Europe since 1989*, University Park, The Pennsylvania State University Press, 1999, p. 298.

(50) M. Minkenberg, « The Renewal of the Radical Right: Between Modernity and Anti-Modernity », *Government and Opposition*, vol. 35, n° 2 (April 2000), p. 170-188.

(51) 自国生まれの重視は移民の多い国、（具体的にはアメリカ合衆国、オーストラリア、カナダ、ニュージーランドなど）にみられる政治的潮流につけられた名称である。それはあらゆる新規の移民に反対する。このタイプの好例となる最初の運動は「無知（Know Nothing）」であった。これは十九世紀中葉のアメリカで設立された秘密結社であり、一八五四年に「アメリカ党」に加わった。その基本的運動方針はアイルランドからのカトリック移民反対であった。

(52) M. Scheler, *L'Homme du ressentiment*, *op.cit.*

(53) B.A. Dibratz, S.L. Shank Meile, *White Pride! The White Separatist Movement in the United States*, New York, Twaine, 1997.

(54) 二〇一六年四月十五日から十九日までにＩＰＳＯＳが実施した世論調査（フランスの断絶、二〇一六年、第四ウェーブ）によれば、回答者の五八％は「反白人の人種差別はフランスにおいて、かなりの広がりを見せている現象である」。左派支持者の三九％は同様の感情を持つのに対して、共和党（ＬＲ）支持者では六九％、国民戦線（ＦＮ）支持者では八四％である。

（55）H.-G. Betz, *Radical Right Wing Populism in Western Europe*, *op.cit.*, p. 183.

（56）ＩＰＳＯＳ調査「フランスの断絶、第七ウェーブ」ジャン・ジョレス財団、モンテーニュ研究所のために、二〇一九年八月三十日から九月三日にかけて実施された。

（57）例えば上記調査で質問を受けたフランス人のうち、フランスで実践されているイスラームはフランス社会の諸価値と両立しうると回答している人は四一％に過ぎない。同様に考える人は、カトリック教の場合には八九％、ユダヤ教の場合には七四％である。

（58）J. Haider, *Die Freiheit, die ich meine*, Frankfurt am Main, Ullstein, 1993, p. 93.

（59）P.-A. Taguieff (dir.), *Le Retour du populisme. Un défi pour les démocraties européennes*, Paris, Encyclopædia Universalis, 2004.

（60）F. Venturi, *Les Intellectuels, le peuple et la révolution. Histoire du populisme russe au XIXe siècle*, Paris, Gallimard, 1972, 2 vol.

（61）D. Mitrany, *Marx Against the Peasant. A Study in Social Dogmatism*, Chapel Hill (North Carolina), University of North Carolina Press, 1951.

（62）L. Goodwyn, *The Populist Moment. A Short History of the Agrarian Revolt in America*, New York, Oxford University Press, 1978.

（63）M. Eiermann, « How Donald Trump Fits Into the History of American Populism », *New Perspectives Quarterly*, vol. 33, n° 2 (April 2016), p. 29-34.

（64）G. Hermet, « Les populismes latino-américains », *Cités*, n° 49 (2012), p. 37-48.

（65）G. Hermet, *Les populismes dans le monde...*, *op.cit*, p. 205-247.

（66）N.C. Rae, « Le renouveau du conservatisme : la montée du Tea Party et son impact », *Politique américaine*, vol. 1, n° 19 (2012), p. 111-130.

第二章　ポピュリズム現象を測定する

一九八〇年代以降、ポピュリスト勢力は、はっきりした形で再登場する。とりわけ、ヨーロッパにおいてはフランスの国民戦線（FN）、オーストリアの自由党（FPÖ）などである。一九八四年には欧州議会選挙でFN党首のジャン＝マリー・ルペン率いるリストが有効投票数の一〇・九五％を獲得した。その二年後、イエルク・ハイダーがFPÖの党首になり、同党をナショナリスト・ポピュリスト右派に変身させた。ほとんどの政治ウォッチャーは、それを束の間に燃え上がるワラに過ぎず、同じようなことは第二次世界大戦後の数十年間の時期に、ヨーロッパが経験したことの焼き直しに過ぎないと考えた。例えば一九四〇年代中葉のイタリアで見られた〈一般人戦線〉、一九五六年のフランス国民議会選挙時の「プジャード運動」、さらには一九六〇年代末のドイツ国家民主党（NPD）などのケースである。しかしこれらの政治的炎のいずれも長続きしなかった。当時ヨーロッパは経済成長の真っただ中にあり、ポピュリストの抗議が定着することなどとてもあり得ない状況であった。

I　ヨーロッパにおけるポピュリズムの着実な拡大

一九八〇年代に入り、状況は一変する。まず世間を仰天させた後に、ポピュリズムの諸勢力は次第に根を下ろし、発展していく。一九九〇年代ならびに二〇〇〇年代に入ると、これら諸勢力は欧州議会に姿を現すことになる。ベルギーの〈フラームス・ベランフ〉(フラームスの利益) や、同じくベルギーの〈国民戦線〉、〈北部同盟〉(イタリア)、デンマーク国民党 (DF)、オランダ自由党 (PVV)、〈国民正統派運動〉(LAOS、ギリシア)、〈真のフィンランド人〉、〈ヨッビク〉(ハンガリー)、〈ポーランド家族同盟〉(LPR)、ポーランド共和国自主防衛党 (Samoobrona)、スロバキア国民党 (SNS)、〈アタカ国民連合〉(ブルガリア)、大ルーマニア党 (PRM) などである。二〇〇〇年代末には、上記急進右派ポピュリストは、EUの半数の国において重要な勢力になる。

左派ポピュリストについては、以下のとおりである。ドイツでは左翼党 (Die Linke)、フランスでは左翼戦線 (後に〈不服従のフランス〉)、オランダでは社会党、デンマークでは〈反EU国民運動〉(FolkeB)、ギリシアでは急進左派連合〈シリザ〉、スペインでは統一左翼 (Izquierda Unida) と〈ポデモス〉(〈我々には可能だ〉)、ポルトガルでは左翼ブロック (Bloco de Esquerda)、スウェーデンでは左翼党 (Vänsterpartiet) などである。

ポピュリズムはさまざまな形をとった永続的な政治的現実となった。それ以前のヨーロッパの政党構造は、穏健右派、キリスト教民主主義中道、社会民主主義の影響の下にある左派というお定まりの三つの勢力間の対立を常としてきた。ポピュリズムは初めて、選挙時における重要な勢力となり、ヨーロッパ諸国の多くにおいて、この運動を権力獲得に向かわせることが可能となった。新しい政治主体としてのポピュリストは、第二次大戦後に生まれた政治的均衡を根底から混乱させる要因と見えた。

二〇〇八年から〇九年にかけての経済・金融危機、二〇一〇年代に入って多発するイスラーム原理主義者によるテロ、二〇一五年の移民危機などは、いずれもポピュリズムの熱気を煽り立てる要因となるであろう。

II　二〇一九年におけるポピュリスト諸勢力の状況

二〇一〇年代末、二〇二〇年代の十年間を控えた二〇一九年五月の欧州議会選挙の結果を見れば、ヨーロッパにおけるポピュリズムの網羅的で正確な姿を描き出すことができる。(1)

この選挙は、参加したEU加盟二八か国（英国を含めた）におけるポピュリズムの政治的影響力を測る文字通りの試金石となった。この結果を見て、ジル・イヴァルディ（Gilles Ivaldi）はポピュリスト勢力を三分類した。

第一に、最も重要なナショナリスト急進右派グループがある。彼らは権威主義的ナショナリズムの周りに結集し、移民、治安悪化、ナショナル・アイデンティティなどの問題に突き動かされている。また一九九〇年代の初めからはマーストリヒト条約のヨーロッパに強く反発している。

第二に、右派ポピュリズムとは政治的尺度上では正反対に位置する左派ポピュリズムは、人民とエリートとに二分される国民観、人民の意志の神聖視、ヨーロッパ統合に対する反感などの立場を右派ポピュリズムと共有している。ただしコスモポリタン主義や国際主義的文化の影響を受け入れる点で、右派ポピュリズムとは異なっている。

第三のポピュリズムは最近登場したもので、反エスタブリッシュメントを謳う中道政党のものである。彼らは反エリートであり、汚職を告発し、直接民主制を要求する。

これらすべてのグループは、各国での得票結果は異なるものの、そろって欧州議会選挙に参加した。フランスでは左派ポピュリズム（〈不服従のフランス〉）と右派ポピュリズム（〈国民連合〉）、イタリアでは右派ポピュリズム（〈同盟（レーガ）〉）、中道のポピュリズム（〈五つ星運動〉）、ドイツでは右派ポピュリズムの〈ドイツのための選択肢〉（ＡｆＤ）と抗議政党の左翼党、スペインでは右派ポピュリズムの〈ヴォックス〉（Ｖｏｘ）と左派ポピュリズムの〈ポデモス〉などである。もちろん各国ごとにポピュリズムの形状とタイプとは異なっている。しかしヨーロッパのほとんどすべての国の政治システムで、ポピュリストの台頭現象を免れているところはない。

二〇一九年五月の投票に際して、ＥＵ二八か国中の二一か国において、一つないしは複数の右派ポピュリスト政党が競い合った。しかし左派ポピュリスト政党の参加は一五か国にとどまり、中道ポピュリスト政党の場合は九か国に過ぎなかった。こうした選挙の態勢に加えて、いくつかの国ではネオ・ナチや超国家主義の伝統を受け継ぐ極右の参加が見られたが、それらは概してマージナルな存在にとどまった（ドイツの国家民主党（NPD）、ギリシアの〈黄金の夜明け〉、キプロスの国民人民戦線（Ethniko Laiko Metopo）、ハンガリーの〈我らが祖国〉、民衆政党〈我らがスロバキア〉など）。

これらの諸勢力を、その党派性の違いを超えて全体としてみれば、その躍進には目を見張らせるものがある。二〇一九年五月の選挙結果によれば、欧州議会の総議席七五一のうち、ポピュリスト議員は二三〇議席を占めた。すなわち、約三分の一になる（図表「欧州議会選挙（二〇一四年、二〇一九年）においてポピュリスト諸政党が獲得した議席総数」参照）。二〇一四年選挙では彼らは四分の一強にとどまっていた。二〇一九年の躍進は主として急進右派ポピュリストによってもたらされたものである。彼らは、二〇一四年の一一八議席から二〇一九年には一六一議席になった。これに対して左派ポピュリストは、四三から三七議席に後退し、中道ポピュリストは二〇一四年の三三議席から二〇一九年の三二議席にとどまった。二〇一九年の急進右派ポピュリストの躍進に最も貢献したのは、ドイツのAfD（一一議席）、フランスの国民連合（RN）（二二議席）、ハンガリーのヴィクトル・オルバンの〈フィデス〉（一一議席）、イタリアの〈同盟（レーガ）〉（二八議席）、ポーランドの〈法と正義〉（PiS）（二七議席）、（英国の）ナイジェル・ファラージ（Nigel Farage）のブレグジット党（二九議席）などである。

こうした右派ポピュリズムの優位は長期間にわたる変化の結果としてもたらされたものである。「昔の人のポピュリズム」は、自分たち貧しいものの不幸の責任を負うべき、恵まれた社会層との対決に動

図表：欧州議会選挙（2014年、2019年）において
ポピュリスト諸政党が獲得した議席総数

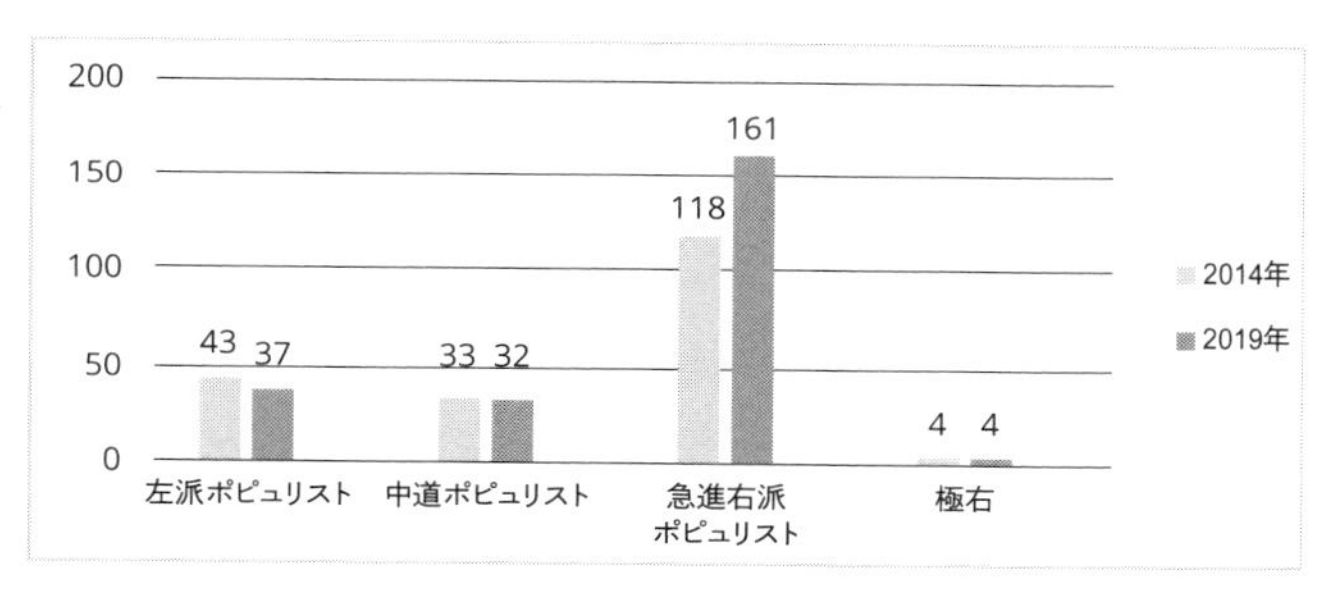

2014年には、極右を代表したのは〈黄金の夜明け〉（ギリシア）で3議席、ドイツのNPDは1議席。2019年には、極右の4議席は〈黄金の夜明け〉が2議席、スロバキアの〈我らがスロバキア〉が2議席である。急進右派ポピュリストへの分類はここでは広義に解釈されている。保守派のハンガリーの〈フィデス〉とポーランドのPiS、2014年のUKIP（英国独立党）との対比可能のブレグジット党などが含まれる。（出所：欧州議会、ジル・イヴァルディによる集計）

員される大衆の抗議活動を想定した。それに代わって「現代人のポピュリズム」は社会的抗議活動の様相を一変させてしまった。すなわち、最も恵まれない人びと、とりわけ移民たちに対して政府が譲歩することを不当とみなして抗議する活動に、必ずしも赤貧とは呼べない社会層が動員されている。「かくして、ポピュリズムは左派から右派への移動を完了させた」とギ・エルメ（Guy Hermet）は結論づけている[2]。

もちろん、これらすべてのポピュリストたちは、たとえ急進右派からきている場合であっても、統一されることはなく、欧州議会内の異なる会派に所属している（参照一四六―一五五頁付表「二〇一九年五月欧州議会選挙：政治的傾向別に分

類したポピュリスト諸党派の各国別得票結果」)。急進右派のポピュリスト議員は四つの会派に分かれている。七三人は「アイデンティティと民主主義」会派（代表はイタリアの〈同盟〉メンバーのマルコ・ザンニ（Marco Zanni））、四五人は「欧州保守改革」会派（代表はフォルツァ・イタリアのラファエレ・フィット（Raffaele Fitto）とポーランドPiSのリシャルト・レグッコ（Ryszard Legutko））、一三人（全員ハンガリーの〈フィデス〉）は「欧州人民党グループ」会派（代表はドイツの〈キリスト教社会同盟〉のマンフレート・ヴェーバー（Manfred Weber））、そして残りの三〇人は無所属（うち二九人はイギリスのブレグジット党議員）である。

左派ポピュリスト議員は主に「欧州統一左派／北欧緑の左派同盟」会派に属する。ギリシア共産党の一人は無所属であり、スロバキアの〈スメル〉（方向・社会民主主義）の三人は「社会民主進歩同盟」の会派に属する。

中道ポピュリスト議員は四つの会派に分かれる。〈五つ星運動〉は無所属、ブルガリアの〈ヨーロッパ発展のためのブルガリア市民〉（ＧＥＲＢ）は「欧州人民党グループ」会派、スロバキアにおける〈自由と連帯〉（ＳａＳ）は「欧州保守改革」会派、チェコの〈アノ二〇一一〉（〈不満な市民の行動〉）、リトアニアの労働党、エストニアの中央党などは「欧州刷新」会派に所属する。

もちろん、ポピュリストたちは「インターナショナル」に組織されていない。「国際協調主義」を掲げた共産主義者や社会主義者も、これまでにもインターナショナル組織の存続には大いに苦労してきている。そうであってみれば、ナショナリスト運動の「インターナショナル」など、言わずもがなである。右派ポピュリストたちの連合創設の試み、さらには右派、左派、中道諸勢力を連携させようとする「ポピュリスト・アーチ」の試みはすでに数多かったが、いずれもすべて失敗に終わっている。移民の流れの管理、経済政策、公権力にゆだねるべき領域、欧州関連予算、EU離脱の可否、反ユダヤ主義、領土要求、地域の独自性の承認、社会的価値、国際的連帯などの問題について対立が激しかった。さらにはそれに加えて、当然何人かの指導者たちのエゴの問題もあった。

ポピュリストは、グループとしては不確かな、仮定的存在である。そのために集団内部で分裂を引き起こし、「多数派」の動きをブロックする少数派としての能力は限られ、また信頼性の高い選択肢の一つになる可能性も制限されている。ジル・イヴァルディによれば、「ポピュリズムはますます〔…〕、イデオロギー上の分極化を促す重大な力になっている。イデオロギー上の分極化は、ヨーロッパ政治を伝統的に特徴づけるコンセンサスを求め、また妥協を求める文化と根本的に対立する。またEU内での党派的あるいは、国家間の利害調整を困難にする」[3]。さらに、ポピュリズムは各国政府に対して「政策上の伝染力」として働き、その政治日程や公の討論の性格に影響を与える。とりわけ、移民、治安、テロ、イスラームなどの問題について敏感に反応するように促す。ヨーロッパのいくつかの民主主義国では、「非リベラルな」変化を経験している。ハンガリー、ポーランド、ルーマニア、スロバキアでの状況がまさにそれにあたる[4]。ハンガリーのヴィクトル・オルバン首相は、二〇一四年七月二十六日、明確に非リベラルな観念を主張し、危機にあたっては「われわれに必要なのは個人権力である」と公言した。明らかに、ポピュリズムは伝統的な代表民主主義の衰退から栄養を受け、それに代えて人民とリーダーとの関係を直接的なものにしようとする。このことがはっきりと感じられるのは、大統領選出が直接普通選挙で行われる場合である。それに加えて、ポピュリズムはグローバル化と国内社会の対外的開放により、すっかり弱体化してしまった社会集団の国内社会への再統合メカニズムを起動させる。そしてエリートや支配的文化から見捨てられた存在であることを自覚させられ、その結果文化的に不安を感じている個人や[5]、また「自分の国にあっても外国人であると感じている人びと[6]」に対して、いるべき場所を確認させる政策を実行する。この点で、ポピュリズムはグローバル化の進む今日のヨーロッパが直面する大変動に対して、政治的、経済的、文化的回答を与えようと試みているといえよう。アメリカからブラジル、フィリピンからインド、フィンランドからイタリアに至る地域において、政治的不信、経済的欲求不満、文化的不安などが、政治的亀裂や地域の多様性を超えて、ポピュリストの要求に対してエネルギーを供給しているのである。

Ⅲ　権力の座についたポピュリズム

長年にわたり、反対と抗議を繰り返す力であったポピュリズムは、いまや多くの国において、単独であるいは左派の政党や伝統的保守の運動と連携して統治する勢力となった。今日、世界の三つの大国において、まぎれもない真正のポピュリストによる統治が行われるようになった。二〇一七年から二一年のアメリカのドナルド・トランプ[7]、二〇一六年以後のフィリピン大統領のロドリゴ・ドゥテルテ[8]（Rodrigo Duterte）、二〇一九年からはブラジルのジャイール・ボルソナーロ大統領[9]などである。他のいくつかの大国も、明らかにポピュリズム的統治戦略を用いる政治家たちに指導されている。二〇〇〇年からロシアのウラジーミル・プーチン[10]、二〇〇三年からはトルコのレジェップ・タイップ・エルドアン[11]（Recep Tayyip Erdoğan）、二〇一四年以後のインドのナレンドラ・モディなどである[12]。

南米ではブラジルの右派ポピュリズムと並んで、各国で左派ポピュリズムが活発である。後者の例としてはウゴ・チャベスとその後継者のニコラス・マドゥロ（ベネズエラ）、ラファエル・コレアとその後継者のレニン・モレノ（Lenín Moreno）（エクアドル）、ダニエル・オルテガ（Daniel Ortega）（ニカラグア）、アンドレス・マヌエル・ロペス・オブラドール（Andrés Manuel López Obrador）（メキシコ）、辞任する前までのエボ・モラレス（ボリビア）などがそうである。他方、長い間ポピュリズムに敵対的であったヨーロッパでも、ポピュリズムは政権を握る勢力となった。今日では、EU諸国二七か国のうち七か国でポピュリストの、ないしは彼らが連立する政府が成立している。ブルガリアを指導するのはボイコ・ボリソフ（Bokyo Borisov）の政府である。ボリソフはGERBの創立者であり、同党はとりわけナショナリスト右派と〈アタカ国民連合〉を糾合した統一愛国者同盟（訳注：二〇一六年国民議会選挙のための諸党派による同盟）と連携した。ハンガリーの頂点には、二〇一〇年以来ヴィクトル・オルバンと彼の党である〈フィデス〉が君臨している。イタリアを統治するのは二〇一九年からは民主党と連立——それ以前の二〇一八年から一九年には〈同盟（レーガ）〉と連立——する〈五つ星運動〉である。二〇一九年七月からイギリスの政権を担うのは、明確にEU離脱派のボリス・ジョンソン(Boris Johnson)である。リトアニア政府には〈秩序と正義〉(TT)、ならびに労働党が参加する。ポーランドでは、二〇〇〇年代中頃からヤロスワフ・カチンスキ(Jarosław Kaczyński)の〈法と正義〉(PiS)率いる多くの政府が続いている。チェコ共和国は、チェコ社会民主党と連立するアンドレイ・バビシュ(Andrej Babiš)の〈アノ二〇一一〉に率いられてきている。最後に、スロバキアでは、長期にわたる社会党政権——ロベルト・フィツォ(Robert Fico)の〈スメル〉(方向・社会民主主義)——はスロバキア国民党(SNS)のナショナリスト右派と連携を続けた。その後二〇二〇年からは〈普通の人びとと独立した人たち〉(OL'aNO)が政権の座にある。政権の主たる目標は汚職との闘いである。

こうした長いリストにペドロ・サンチェス(Pedro Sánchez)のスペイン社会労働党政府を付け加えることができる。同党政府は二〇二〇年一月に〈ポデモス〉から複数の閣僚を迎えた。オーストリアも一度ならず「黒—青」〔訳注:黒は右翼、青は保守主義を形容する〕の連立政権を経験した。それはオーストリア国民党(ÖVP)の保守主義者の指導の下に、オーストリア自由党(FPÖ)のポピュリスト数人が参加したものである。

彼らの政権運営を総括すると、これらのリーダーたちが「政府の諸制度とその運営手続きとを独占するヴィジョン」[13]を実行に移すのを目にして大いに驚かされる。例えば、ヴィクトル・オルバン政府は選挙法を自分の党に有利なように改正し、また憲法裁判所を弱体化する措置を講じた(議会の立法に対する違憲審査権限の縮小、その実質的内容ではなく、手続きについてのみ意見を述べる能力に裁判所の権限を限定）。ポーランドでは、政府はＰｉＳの後押しを得て、司法を執行権の監督下に置くことを狙ったいくつかの改革に乗り出した（憲法裁判所に続いて最高裁判所の複数の判事たちの追放）。また行政機関、メディア、軍などに対する政府の監督権を強めた。こうした考え方は立憲民主主義の原則とぶつかり、政府との緊張関係を生んでいる。なぜなら、それは普遍的な人権などは存在せず、国家が自国のために擁護し、確保しようとする権利だけが存在するとの確信にもとづくものであるからである。ポーランドやスロバキア同様、ハンガリーにおいてもメディアを直接・間接にコントロールしようとする試み、ジャーナリストに対する脅迫、ＮＧＯに対する攻撃などが常時行われていると告発されている。多元主義は民主主義の原則であるが、権力の座にあるこれらのポピュリズムにとって、この原則は相性の良いものではない。ナディア・ウルビナティ（Nadia Urbinati）によれば、ポピュリズムはいつも「攻撃的で、相手を中傷する言葉に訴える」。その第一の目的は、反対派の精神状態や自負心を貶めることにある」。ポピュリズムは、こうして制度上だけでなく、言論のレベルでの闘いにも乗り出し、政治的熟議を風化させる。この点で、すべてのポピュリズムは、左右、あるいはその他の傾向を問わず、同一の方向に進んでいく。このイタリアの女性政治思想学者が認めるように、「リーダーの姿の中に人民を統一することは、必然的にカエサル的独裁の概念に向かう政治の組織化をもたらすことになる」。（彼らの）人民は「もはや憲法の中に現れる単なる法的フィクション（fictio juris）ではなく、誰一人としてあえて私物化しようとしない正統性の原理として働く。そうした人民は、唯一の正統なる存在と定義される特定の集団となり、望ましくないマイノリティであろうが、エスタブリッシュメントであろうが、自分とは異なる人びとを追い払ってしまう」。スロバキアのハンガリー系マイノリティに的を絞って取られた措置、ハンガリーにおける外国系大学でマイノリティが教えることの制限、ハンガリーにおける二〇一八年の立法議会選挙時にしばしば表明された反ユダヤ的発言、ブルガリア政府のメンバーによる反トルコ、反ジプシー発言、これらポピュリストの政体において移民を「ムスリムによる侵略」であると告発したことなど。これらすべての事例は、(彼らにとっての)同質的な人民とは、その土地の出身者ではないマイノリティを排除することと同義であることを明瞭に示している。

ベルナール・マナン(Bernard Manin)はリベラル・デモクラシーの三つの時代について次のように述べる。[14] 今日ヨーロッパで広がるポピュリズムは、まさに第三の時代の構成要素の一つである「一般大衆の民主主義」ないしは「世論の民主主義」に相当すると言えるかもしれない。それは第一の時代の制限選挙制と密接に結びついた「名望家の民主主義」、第二の時代の普通選挙制と結びついた「政党の民主主義」に続く今日支配的な民主主義である。そこでは人民とリーダーとは一体化して機能し、現代的なコミュニケーション手段を除くいかなる仲介者も持たない。ドナルド・トランプが、公式サイトと私的サイトの両方を使って、日々大量に流すツイートは象徴的なものである。この「ポピュリスト民主主義」も依然として民主主義の一形態であると言えるであろうか? もし民主主義という言葉を、その存続のためには内的自由、抗議、不一致などを必要とする政治体制であると規定した場合にも、妥当するものであろうか? このように考えると、ポピュリズムとは、民主主義の根底にある憲法上の原理に係ってくるものであるし、しかもそれはEUの中核においても妥当する問題でもある。

第二章原注

（1）G. Ivaldi, *Les Populismes aux élections européennes de 2019. Diversité idéologique et performances électorales*, Paris, Editions Fondation Jean-Jaurès, 2020. 二〇一九年の欧州議会選挙に関する上記研究に際して作成したデータの利用を私に認めてくれたことに対し、ジル・イヴァルディに深く感謝する（巻末一四六―一五五頁参照）。

（2）G. Hermet, « Permanence et mutations du poplulisme », *Critique*, vol. 1-2, n° 776-777 (2012), p. 62-74.

（3）G. Ivaldi, *Les Populismes aux élections européennes de 2019..., op.cit.*, p. 29.

（4）Y. Mény, « Libéralisme, illibéralisme : fécondes ambiguïtés », in Y. Mény, *Imparfaites démocraties*, Paris, Presses de Sciences Po, 2019, p. 161-199.

（5）L. Bouvet, *L'insécurité culturelle*, Paris, Fayard, 2015.

（6）A.R. Hochschild, *Strangers in Their Own Land*, New York, The Free Press, 2016.

（7）U. Friedman, « What Is a Populist? And is Donald Trump one? », *The Atlantic*, 27 février 2017.

（8）C.V. Arguelles, « "We are Rodrigo Duterte" : Dimensions of the Philippine Populist Public's Vote », *Asian Politics and Policy*, vol. 11, n° 3 (août 2019), p. 417-437.

（9）L.Barros, M. Santos Silva, « Right-wing populism in the tropics: The rise of Jair Bolsonaro », *VoxEU.org*, 24 janvier 2020.

（10）C. Clément, « Poutinisme, patriotisme et apathie politique », *La Vie des idées*, 19 octobre, 2015.

（11）H. Bahidir Türk, « Populism as a medium of mass mobilization: The case of Recep Tayyip Erdogan », *International Area Studies Review*, mars 2018.

(12) C. Jaffrelot, *L'Inde de Modi. National-populisme et démocratie ethnique*, Paris, Fayard, 2019.
(13) N. Urbinati, « Le populisme au pouvoir. Entretien », *Esprit*, n° 4 (avril 2020), p. 69-81.
(14) B. Manin, *Principes du gouvernement représentatif*, Paris, Calmann-Lévy, 1995.

第三章　ポピュリスト現象の原動力

四十年前、古いヨーロッパの中心で、古くからの、あるいはそれほどの歴史を持たない民主主義諸国において、このポピュリズムが再度出現した。それは今日われわれの社会を悩ませる経済的、社会的、文化的大変動の予兆であった。第二次世界大戦の（ドイツからの）解放期、ハンガリーの経済学者のカール・ポランニー（Karl Polanyi）は、かつて西欧社会を出現させたものの、その後の一九三〇年から四五年にかけての経済的・政治的な大きな危機の結果、経済的自由主義を失敗に導くことになった「大変動」についての理解を試みた。[1] この優れた分析が発表された三四半世紀後、新たな大変動の問題が提起された。ポピュリズムがその前兆の一つである。ファシズムは伝統的自由主義が生んだ余波のようなものであったように、ポピュリズムは今日ますます個人中心的となり、グローバル化した社会に対する反動である。

一九三〇年、ジークムント・フロイトは「文化の中の居心地悪さ[2]」がどのようにしてヨーロッパにとって命取りとなるようなイデオロギー上の集団的嵐の起源となったかを明らかにした。ヨーロッパ文化は、すべての他の文化と同様に、欲動の放棄の上に成り立っている。フロイトにとって、ヨーロッパ文化は深い不安感にとらわれているがゆえに、もはや真の「攻撃性の欲動」、さらには「死への欲動」

の発現を抑えることができない。ほぼ一世紀後の今日でも、精神分析学の父の心理分析は依然として有効である。ただしわれわれが生きる現代性の中に根を下ろした深い不安についての社会学的説明を追加する必要がある。現代社会に潜む深い不安・不満は、同時に経済的、社会的、文化的、政治的なものであり、犠牲のヤギを追い求める。それは通常、移民、ヨーロッパ、グローバル化などである。

I 脱工業化社会の経済的不調

経済的には、産業資本主義の主要部分は消滅し、脱工業化型の資本主義に席を譲った。いずれの国の経済においても、工業化社会が衰退し、大規模の発展を続けるサービス経済がそれに代わり、労働市場においては社会的亀裂が生じて、「二重構造社会」が出現した。そこでは専門的資格を必要としない、不安定で副次的な雇用は「下層の人びと」[3]に割り振られている。彼らの社会的脱落感は非常に強い。二重構造社会では工業化社会において有用であったものが消滅する。国家による規制が強力であった産業資本主義においては、同質的な複数の階級からなる社会が生み出された。そこでは特定の社会階層（労働者階級、農民、ブルジョワジー）、イデオロギー（右派や左派）、支持政党（共産党、社会民主党、キリスト教民主党、保守のブロック）などへの永続的帰属意識が引き起こされた。強い忠誠心が再生産されるこうした世界はもはや終わりを告げた。

フランスの例だけを見ても、左派と右派に二分された世界――左派は共産党や「共産主義者によるカウンター社会」の周りに集結し、右派はカトリック教会とその関連団体の周りに集結している――そうした風景は消滅してしまった。そのあとには、見捨てられたという意識だけが残った。そしてかつて存在した古い世界の残骸の上に、ありとあらゆる種類の不安やノスタルジーが咲き乱れることになったのである。フランスのマリーヌ・ルペン、オーストリアのハインツ＝クリスティアン・シュトラーヒェ、イタリアのマッテオ・サルヴィーニ、その他の指導者たちは、そうした不安や憂愁に気付き、それに注意を向け、表現することで、選挙時に人びとに感情のはけ口を見つけてやったのである。それに対する反響は、とりわけ労働者集団において強かったが、彼らはまさに産業資本主義発展の担い手であったのである。一九九〇年代の初頭以来、それまで社会民主主義や共産主義などの左派勢力の独占的な狩場であった労働者世界において、ナショナル・ポピュリズムの選挙時の躍進は目覚ましいものであり、それはヨーロッパ全体で共通に見られる現象であった。フランスの国民戦線（FN）、ノルウェーの進歩党（FrP）、フランドルの〈フラームス・ベランフ〉（VB）、オーストリアの自由党（FPÖ）などは選挙基盤をプロレタリア化した。前回二〇一七年のフランスの大統領選挙の第二回投票で、フランス人労働者の六〇％はマリーヌ・ルペンを投票先に選んだ。従業員の四七％、失業者の五一％も同様の投票行動を見せた[4]。

かくして、産業資本主義の崩壊により引き起こされた不安は、ヨーロッパのナショナル・ポピュリズムに対して、新しい支持層をもたらすことになった。以前の相対的に少数の小ブルジョワ層（職人、商人、小企業家、非雇用労働者）からなる伝統的選挙人団を補強する、（多数の）民衆層からなる有権者をもたらすことになったのである。こうした「商店と作業場」の同盟は、選挙でのナショナル・ポピュリズム勝利の方程式となった。[5] ナショナル・ポピュリズムは一九九〇年代において、その綱領とイデオロギー上の方向性を改め、小ブルジョワ層と民衆層からなる二つの支持者に対する働きかけを強めた。自国重視、工業中心、そして国民の支援を惜しまない資本主義に郷愁を覚え、むしろ脱工業化、脱国家的、自由主義的、個人中心的資本主義からの脅威を感じている労働者階級に対して、ポピュリスト政党は保護者としての国家、すなわち富の再分配を行うことで不平等を減少させる福祉国家のメカニズムを、自国民に対してのみ限定的に機能させることを約束した。「福祉国家の排外主義」は労働者階級の間でしばしば大きな反響を呼んだ。というのも、彼らは雇用市場において外国人労働者との競争を余儀なくされ、また国家から提供される資源の減少により（生活を）不安定化させられていたからである。[6] 独立自営の小ブルジョワ層に対して、ナショナル・ポピュリズムはもっと古典的な「法と秩序」の担い手としての機能を強調する国家を提示する。またしばしば大衆に媚びる、反税を強調した政策綱領を提供するのである。

II　国外への開放がもたらす社会的・文化的不安

社会的・文化的側面における現代性は、何よりも日々増大する「開かれた社会」[7]と呼びうる状況の具体化を通じて確認される。社会の開放はすべてのヨーロッパ社会において見られるが、ヨーロッパ以外においても同様に見られる現象である。それはもちろん、①経済的、とりわけ金融面でのグローバル化と結びついている。しかしまた社会の開放は②政治的なものであり、ヨーロッパ統合やグローバル・ガヴァナンスの発展とともに見られる。最後にそれは③文化的・社会的なものでもある。移民の増大、人口の大規模移動、われわれの社会の多元文化的性格の増大なども関係している。こうした三つの側面における対外的開放から二つの異なるタイプの反応が生まれた。上流階級や中産階級出身の多くの個人は社会の開放がもたらすプラス面に注目する。ないしは、それは結局のところ自分たちに恩恵をもたらすものであると考える。その反対に、学歴が低く、社会的尺度上の低い位置にある多くの人びとは、変化の意味するところを読み解くための基準を持たない。彼らは自分が参照基準とする世界、すなわち自分たちの前の世代の人びとが享受していた、安定はしていてもかなり閉鎖的な社会が崩れ去るのを目の当たりにして不安になった。そこで彼らは「閉ざされた社会」の賛美者である現代のナショナル・ポピュリズムのリーダーたちの背後にやすやすと結集させられてしまうのである。二〇一七年十二月、三六%のフランス人は質問に答えて、「フランスは今日の世界からもっと保護されるべきだ」と考え、二七%は「もっと世界に開かれるべきだ」と回答し、三五%は「いずれでもない」と答えている。[8]マリーヌ・ルペンに投票した有権者のうち、七四%は「フランスは今日の世界からもっと保護されるべきだ」と答えている。これに対して、労働者の五六%、管理職と自由業者の二六%だけが同様の気持ちを共有している。グローバル化と社会の開放に対する心配は、決して政治的・社会的スペクトルの上に均等に分布しているわけではないのである。

ナショナル・ポピュリズムは他の政治的党派よりも、はるかにうまく人びとのこうした心配や苦悩を利用できる。例えばFPÖはハンガリー、スロベニア、チェコなどからの「侵略者」たちに対抗する役目を引き受ける。またマリーヌ・ルペンは「ユーロ・グローバリズム」と「コスモポリタン主義」を告発し、最近はEUや通貨同盟からの脱退を主張している。デンマーク国民党（DF）の元リーダーのピア・クラスゴー（Pia Kjærsgaard）はデンマークの同質性を称え、「過去においても一度としてそのようなことはなかったが、将来においても移民の地となるべきではない」と述べている。こうしたリーダーたちは開かれた社会は「害毒」をもたらすとの診断を下し、開放の過程をストップさせて、もっと「閉ざされた」自給自足的社会に戻るべきであると主張する点で一致している。かくして、多くのヨーロッパ諸国で、伝統的な左派と右派の分裂とはほとんど関係のない、新たな亀裂が生じている。こうした現象は、フランスにおいては初めて一九九二年のマーストリヒト条約承認の如何を問う国民投票の折に表面化し、その結果選挙民の意見はほぼ同数の賛否に二分された。

同様の分断は二〇〇五年のヨーロッパ憲法条約に関する国民投票においても繰り返し生じた。こうした亀裂はグローバル化、ヨーロッパ統合、多文化社会などへとうまく適応できる人びとと、その反対に国境に鍵をかけ、多かれ少なかれ「閉じられた」、ないしは国民的孤立に人びとを結集させる社会モデルを称揚する人びととを対立させる。「閉鎖的ナショナリズム」の長い伝統を持つ極右勢力は、他の政治勢力よりも、こうした社会的・文化的現代性がもたらす根本的不安をうまく利用することに有利な立場にあることをよく理解している。東ヨーロッパにおいて、近年EUへの加盟を果たした国々か、加盟候補国になっている国々でも同様の現象が見られる。ヨーロッパは大いなる夢の具体化であるとともに、民主的共同体にしっかりと固定された存在であると考える人びとと、民族主義的共産主義を懐かしむ人びととの間には深い溝がある。後者の人びとは容易に超国家主義者の広げる網に捕捉されかねない。超国家主義者の例としては、スロバキアの国民党（SNS）と人民党〈我らがスロバキア〉（L'SNS）（両党合わせて二〇二〇年の立法議会選挙で一一・二％の票を得た）のリーダーたちがいる。あるいはハンガリーのガボル・ヴォーナ（Gábor Vona）もそうである。彼の率いる政党の〈ヨッビク〉は二〇一八年の立法議会選挙で一九・一％の票を得た。

Ⅲ　代表民主主義への不満

現代性の危機の最後の要因がナショナル・ポピュリズムの推進力を強化している。それは民主制に対する不満である。マルセル・ゴーシェ（Marcel Gauchet）は宗教の政治史に輝かしい光を当てた著作の中で、「世界の脱呪術化[9]」の影響は宗教の領域だけではなく、政治イデオロギーを含む、より一般的で移り変わりつつある集合的義務にも及んでいることを説明することで、すべての表象システムにどのように影響したかを明らかにした。知識と変化の過程をコントロールするとされる表象システムが崩壊した結果、政治的基準の喪失と政治的代表制の深刻な危機が引き起こされた。こうした危機はヨーロッパ中で広くみられる現象である。とはいえ、一部の国々で引き起こされている不満はもっと深刻である。その原因はそこでは政治的代表制度がもはや多様性、新しい状況、社会が経験しつつある亀裂の複雑性を表現することができないからである[10]。

ヨーロッパのナショナル・ポピュリズムには、まさに曖昧な性格の刻印が押されていることは、以下の点に見て取れる。それは一方では「自己のアイデンティティあるいはナショナリストとしての積極的関与と結びついて反政治的、非政治的、疑似政治的な傾向を示す」が、しかしまた同時に「既存の民主主義体制を民主化したいという、とりとめのない願望の印でもある。そうした願望を例えば人民発案にもとづく国民投票に訴えることで、すなわち政治的分野を広げたり、新しい政治的慣行を編み出したりすることで実現しようとする」[11]のである。こうした緊張感や不安は、言葉のうえでの対立がその意味を失った政治システムにおいて最高潮に達しているように見えることがある。そこでは左派と右派勢力が最重要な事柄でも時には合意するとの印象を与え、また主要政党が既存の政治制度のあり方を互いに認め合って、権力からの戦利品を分け合っていると受け取られている。こうした対立の曖昧化した政治システムは大きく発展して、アレンド・レイプハルト（Arend Lijphart）が「多極共存型民主主義[12]」（démocratie consociative）と呼ぶ制度化が行われることがある。「多極共存型民主主義」が現実のシステムとして定着した国々においては――オーストリアの「比例代表制」（Proporz）〔訳注：各党派の勢力に応じて議席や閣僚数を比例配分する〕、スイスの「コンセンサスの追求」（concordance）、オランダの列柱化〔オランダ語でverzuiling〕、ベルギーとオランダの「政党支配体制」（partitocratie）など――極右ないしは右派ポピュリストは現状維持に不満であるか、反対している勢力の抱き込みを図った。市民たちが「社会は変わる、しかし権力分配のシステムやエリートたちは永久に変わらない」と考えるとき、体制に抗議してアイデンティティについて語るポピュリストは唯一の真の異議申立人であると認められることになるのである。

フランスでは、こうした「コンセンサス民主主義」の劣化した形でのコアビタシオン[13]〔訳注：保革共存〕が同様の効果を生み、二〇〇二年の大統領選挙ではジャン＝マリー・ルペンなる人物を第二回投票に進出させた。彼は既存の「システム」と「エスタブリッシュメント」に対する急進的な反対者の先駆者となった。ここ数年、ナショナリストでポピュリストの生み出す熱狂はとどまるところを知らない。FPÖの候補者のノルベルト・ホーファー（Norbert Hofer）は二〇一六年のオーストリア大統領選挙の第二回投票で四六・二％を獲得した。FNの候補者のマリーヌ・ルペンは二〇一七年のフランス大統領選挙の第二回投票で三三・九％を獲得した。ポーランドの前大統領で〈法と正義〉（PiS）の立候補者となったアンジェイ・ドゥダ（Andrzej Duda）は第一回投票で四三・五％の票を獲得した（二〇二〇年六月二十八日）。そして第二回投票（七月十二日）では五一％を獲得して再選された。ハンガリーではヴィクトル・オルバンの〈フィデス〉は二〇一八年四月の立法議会選挙で真の勝利（四九・三％の得票）を実現した。それに続いたのはウルトラ・ナショナリスト運動の〈ヨッビク〉の一九・一％であった。イタリアでは二〇一八年三月の立法議会選挙で二つのポピュリスト運動、〈五つ星運動〉と〈同盟（レーガ）〉は合わせて五〇％強の票を得た。二〇二〇年二月、イゴール・マトビッチ（Igor Matovič）の〈普通の人びとと独立した人たち〉（OL'aNO）はスロバキアの第一党になった（二五％）。スイスではコンセンサスが確立しているが、スイス国民党（ＳＶＰ）は一九九九年以来、スイス連邦議会で第一党である。つまり一九九九年以来行われた六回の国民評議会〔下院〕選挙で第一党の地位を維持しているのである。

二十一世紀最初の二十年の間に、ナショナリズムとポピュリズムはヨーロッパにおいて大々的な帰還を果たした。このネオナショナリズムは、権力の座にあるエリートたちが「脱国民化」してしまったのではないかとの国民感情から栄養を吸収してきている。ヨーロッパ、移民、グローバル化などの現象は、国民的実体を喪失させたのではないかとの危惧の念をますます強めている。ピエール＝アンドレ・タギエフがいみじくも述べているように、「市民たちが自分たちの集団的アイデンティティとしている非物質的な世襲財産に愛着を感じていることと、グローバル化の要求とが両立しうるかどうかを知ることこそ[14]」が大問題である。ポピュリズムは、物質的、非物質的遺産を失いつつあると考える人びとの恐怖心に訴える。ドミニク・レニエ（Dominique Reynié）はポピュリズムの遺産としての側面を強調する。「一部のヨーロッパ人は今後直面することになる集団的な社会階層上の脱落が、個人的な脱落にもつながることを恐れている[15]」。

Ⅳ　移民の拒絶

上述した人びとの内奥にかかわる要因に加えて、今日、人の移動がもたらす困難がある。二〇一五年の移民・難民危機は特別に強い反応を引き起こすことになった。[16] 二〇一五年初頭、何十万という移民・難民がヨーロッパの門前に姿を現した。[17] こうした人の流れを数量化する方法の一つとして、難民申請者数を数える方法がある。ユーロスタット（EU統計局）によれば、その数は二〇一五年夏の中旬には五三万人強に達した。こうした増大は四年前から続く期間内に継続的に拡大してきた動きの一環をなしていた。この数字には庇護申請者だけではなく、不法入国者も含まれている。二〇一一年の「アラブの春」は、マグレブ（北アフリカ北西部）やマシュリク（東アラブ）地方からの大量の移民流出を引き起こした。またサハラ以南アフリカ地域出身者が戦争や独裁政権や貧困などを逃れて人の移動の流れを拡大させた。庇護申請についてはドイツが最も人気の高い移住先であった（二〇一五年八月末の時点で二二万二〇〇〇人の申請者）。ハンガリーがそれに続いた（七月末で九万六三五〇件の申請）。当時のこうした強い人口圧力により、難民数を国内人口との対比でみると（人口一〇万人当たり六六五人）、ハンガリーは最大の難民受け入れ国であった。オーストリア、スウェーデン、ドイツ（一〇万人当たり一九〇人）がそれに続き、はるかに遅れてフランスやイギリス（一〇万人当たり二三人）が来る。シリア内戦は、急増した移住者の流れの引き金を引く主要な要因であった。しかしコソボにおける貧困、ないしはアフガニスタンでの紛争もまた移住者を発生させた。これらのヨーロッパへの移民・難民の流れは始まりに過ぎなかった。近東（トルコ、レバノン、ヨルダン）は今日でもシリア難民の主要部分を引き受けている。

二〇一五年夏、緊張は最高潮に達した。いくつかの国（ギリシア、イタリア、ハンガリーなど）では、陸路及び海路で到着した並外れた数の移民受け入れの責任を負った。人口圧力は地中海東部やバルカン半島西部において大幅に増大した。それに対して、地中海中央部での人の流れは少し緩和した（このルートは道程が長く、また危険であり、途中で失われた命も多かった。二〇一四年には二四四七人、二〇一五年には二七〇三人の死者が出た）。こうした移民・難民の人口圧力は非常に強く、難民申請者数は庇護権を認められた人の数をはるかに上回った。二〇一四年には、EU内のいずれかの一か国に五七万人が庇護を求め、そのうち認められたのは一八万四六六五人にとどまった。

1　ヨーロッパの世論にみられる移民・難民に対する関心の高まり

人の移動がもたらす著しい圧力を受けて、また同時にヨーロッパ当局や自国政府が移民・難民の管理に十分対応できていない様子を目の当たりにして、人びとの移民にまつわる心配が再度浮上してきた。二〇一一年から一五年にかけて、ユーロバロメーター〔訳注：EUの世論調査機関〕が定期的に実施した移民問題に関する調査によれば、この問題についての人びとの関心は一八ポイント高まった[18]。いくつかの国（ドイツ、スウェーデン、チェコ共和国、エストニア、ハンガリー）において、変化は非常に激しかったといえる（プラス三〇ポイント）。EUのいくつかの国（例えばデンマーク、ドイツ、エストニア、マルタ）

では、移民問題は国民の絶対多数にとって、重大な問題とみなされている。市民の主要な関心事は何かとの質問に対して、いまやEUレベルで取り上げられるテーマの一番目に移民がくる。いずれにしても、移民問題は三八%（二〇一四年十一月比でプラス一四ポイント）であり、他のテーマをはるかに上回る。例えば経済状況は二七%で（マイナス六ポイント）、失業は二四%で（マイナス五ポイント）、EU加盟国の国家財政は二三%で（マイナス二ポイント）である。移民問題は加盟二〇か国で最も多く言及された関心事であり、とりわけマルタでは六五%、ドイツでは五五%である。二〇一九年末、その年最後のユーロバロメーターで、移民は先頭を走り（三四%）、その後に新たに争点となった気候変動（二四%）や経済状況（一八%）が続いた。

二〇一五年の危機を契機に、EUが解決を迫られる重要な永続的争点は変わり、移民・難民問題が最重要な問題になった。今日では、EU二八か国中二六か国で移民は最重要な問題であるとみなされている。同様に、テロが引き起こした人びとの不安も、EUレベルにおいては二〇一四年十一月以降明らかに拡大している。テロは二〇一九年末には、回答者に提示された一三の争点リストの中で、「EUが現在取り組むべき最重要な問題」の四番目に挙げられている。ユーロバロメーターの二十年を超える調査において、移民がEUメンバー国においてこのように高い関心事であったことはない。二〇一五年以前の直近の四年間において、EUに課された困難な挑戦として、移民は二〇一五年五月には、それまでの四位からトップに躍り出た。経済問題（経済状況）や社会問題（失業）は二〇一五年には移民問題に上位の座を明け渡したのである。

移民問題がヨーロッパ人の最大の関心事になることで、ナショナル・ポピュリスト政党は躍進の力を得た。というのも、これら政党は国内政治のさまざまな局面において、以前からしばしば「反移民政党[19]」として登場してきていたからである。これらの政党について優れた分析を行った専門家によれば、抗議の意思表示としての投票という考え方にもとづく社会・構造的説明モデルはあまり適切なものとは言えない。このモデルによれば、反移民政党の成功は脱工業化社会の急激な変化がもたらす脅威にさらされている社会集団の支持のおかげであるとされる。そしてその視点に立てば、経済的条件、移民数のレベル、政治システム支持の程度の三つが基本的説明基準とされ、そうした土壌の上に主として抗議のための投票が花開くことになるとされる。これに対してワウテル・ファン・デル・ブルグ（Wouter van der Brug）、マインダート・フェネマ（Meindert Fennema）、ジーン・ティリー（Jean Tillie）の三人は、政党が提案する政策に導かれた投票、また抗議のためというよりも、イデオロギー的な理由にもとづく投票という考え方をモデル化した[20]。これらの著者によれば、ヨーロッパ各国社会の社会構造的発展は互いにかなり類似しているので、そうした要因からでは反移民政党の選挙での成功の違いを説明できないとされる。彼らの実証的研究の結論によれば、投票は政治・イデオロギー的選好を反映すると同時に、これら反移民政党が発展・変化していく政党間の競争的環境の違いを多少とも反映したものである。このアプローチに従えば、政党は有権者の移民問題についての関心と要望を真剣に考慮せざるを得なくなる。また他党の主張にイデオロギー上の近さを認めつつも、選挙で争う他の政党との間にはテーマ上の競合状態が存在することを考慮せざるをえなくなる。かなりの数の有権者がイデオロギーの尺度の上で右端に位置していて、彼らが移民について強い不安を抱いて解決を期待している場合、さらには、ある反移民政党が他の政党と深刻な競争状態にない場合には、この政党が多くの有権者の支持を集める蓋然性は高くなる。まさにこれが現在のフランス、デンマーク、オランダ、オーストリアでみられると言えよう。それとは反対に、こうした条件がそろわない場合（アイルランド、ポルトガル）には、反移民政党の成功は多くの場合控えめなものにとどまるのである。

近年、移民について危惧の念が急速に高まり、反移民政党の組織化が進み、永続性を持つようになり政治空間の中に根を下ろすことになった。また多くのヨーロッパ諸国においてイデオロギー上の右傾化が進んでいることが感じられる。こうした状況はこれらの政党に有利に働き、国民議会選挙、大統領選挙、欧州議会選挙など、いずれのレベルでもこれらの政党は活力に満ちている。

これら政党の綱領を比較した研究によれば、移民に関する主題が果たす役割が大きいことがわかる。確かに、これら政党はいずれも自国の政治システム内での発展や定着の過程において、経済的、社会的、政治的問題に対して彼らの政治的・イデオロギー的提案を拡大してきた。とはいえ、その主要なテーマ（移民と治安）は綱領の中心であり続けた。

移民は多くの場合、脅威として提示され、多くの政党は自国には外国人受け入れの適性があるとは認めない。マリーヌ・ルペンは、二〇一五年九月六日のマルセイユでの国民戦線（FN）の夏期大学において、「移民はチャンスではなく、重荷である」と発言した。デンマーク国民党の綱領では、「デンマークは移民国ではない。そんなことは決してなかった。それゆえに、われわれはわが国が多民族化に向かう変化を受け入れることはできない」と述べている。[21] 同様の発言はオーストリア自由党（FPÖ）の綱領にも見られる。「オーストリアは移民国ではない。それゆえにわれわれは出生にもとづく家族政策を推奨する」。[22]

活発な出入国者数の収支にもとづき人口政策を打ち出すことを拒否することに対応させる形で、これらの反移民政党は合法的移民を強力に抑制し、不法移民をなくす措置を強く主張する。例えば国民連合（RN）の計画によれば、五年かけて合法移民の数を二〇万人から一〇万人に引き下げ、庇護申請者数を大幅に減少させ、不法移民ゼロを目指して不法滞在者を徹底的に追放し、また出生地主義の原則の廃止を主張する。[23]〈中道民主同盟〉（UDC）、別名スイス国民党（SVP）――スイスの第一党――は、「移民にブレーキをかけ」、不法移民に対するあらゆる形の支援や正規化をストップさせることを提案する。[24] SVP／UDCによれば、「移民の管理がなされなければ、五十年もしないうちに、スイスではスイス人よりも外国人の方が多くなるであろう」。〈真のフィンランド人〉（フィンランド語でPerussuomalaiset）は、この二十五年間の支配的な考え方である「移民と多文化主義はわれわれにとって必要であり、また望ましいものでもあった」[25]という概念を捨てるべきことを提案する。その結果、彼らの目から見て、フィンランドが他の加盟国と難民受け入れの重荷を分かち合うというEUの実施計画を拒否することは正当であることになる。というのも、避難民受け入れ手続きは、「迫害を受けた経歴が大いに疑わしい人びとにとっては、最も重要なやり方になっている」からである。

こうした政党の反対運動の呼びかけに加えて、移民は公の予算に重くのしかかる費用ゆえに告発される。国民連合（RN）と改名された国民戦線（FN）は党綱領の中で、この費用を年七〇〇億ユーロと見積もっている。〈真のフィンランド人〉は、移民を担当するために、国家ならびに地方自治体に雇われる職員のための費用を批判している。スイス国民党（SVP／UDC）は「便乗者やその他の社会的寄生虫」を糾弾し、「難民受け入れの費用はかさむ一方である」と告発する。

費用の問題を別にしても、これらすべての政党は国民のアイデンティティに対する脅威を強調する。オーストリア自由党（FPÖ）は「キリスト教、ユダヤ教、啓蒙の世紀が体現するヨーロッパ的諸価値」は「狂信や過激主義」から防衛されなければならないと主張する。デンマーク国民党は次のように断言する。「キリスト教は古くからデンマークの地で確立しており、人びとの生活から切り離せない。かつての、そして今日におけるキリスト教信仰の意味するところは無限であり、デンマーク人の生活様式を特徴づけるものである」。同様にSVP／UDCは以下の点を明確にする。「スイスを特徴づける法制度とキリスト教的、西欧的諸価値は共同体において尊重されるべきであり、見かけはどんなに小さなものであっても、譲歩を重ねれば、たとえ漠然とした形ではあってもわが国の法概念とは異なるものを併存させることになりかねない」、と拒否の態度を明らかにする。もちろん、こうした忠告の裏側からイスラーム主義、さらにはイスラームそのものの拒否が浮かび上がってくる。そしてヨーロッパ社会の中心において、イスラームから出される要求の数々が拒否されることになるのである。SVP／UDCの連邦議員のオスカー・フライシンガー（Oskar Freysinger）が主張するように、「諸集団、とりわけイスラーム住民のための特別の墓地（の用意）、水泳の授業の免除、強制的結婚といったことを例外的権利として認めることは、彼らを隔離することである。その結果、われわれは彼らがわれわれの文化的遺産に触れる機会を妨げることになり、われわれがしばしば自慢げに語る統合なるものは、結局一種のアリバイ作りに過ぎないことになってしまう」。

最後に、近年の移民・難民の流入は侵入するテロリストの運搬手段であるとみなされて、とりわけ告発の対象とされる。マリーヌ・ルペンはそれゆえに、二〇一五年九月のマルセイユでの演説において「コントロールなしの移民の受け入れによって、イスラーム原理主義の増加を助長している」と批判した。オランダ自由党（PVV）リーダーのヘルト・ウィルダースは二〇一五年五月に明確に述べている。「すべてのムスリムがテロリストではないとしても、ほとんどすべてのテロリストはムスリムである」。

2　過激イスラーム主義を際立たせるもの

こうしたことから、移民——とりわけイスラーム教徒の移民——に関する政治的、イデオロギー的供給（offre）〔訳注：説明・理由付けの提供〕が年々多くなり、移民問題や過激イスラーム主義の伸張を心配する市民たちの選挙時の需要（demande）〔訳注：政策・解釈の要求〕にどのように応えたかが分かる。過激なイスラーム主義はこの十年ほど前から着実に拡大し、多様なヨーロッパ社会に直接的な打撃を加えた（フランス、スペイン、英国、ベルギー、デンマーク、オランダにおけるテロ）。そして最近数年の間に近東地域を震源地とするムスリム移民のショックが引き起こす挑戦にヨーロッパ社会は遭遇した。こうした二つの要因は反移民政党を活気づけるか、再活性化した。これら政党の政治的、イデオロギー的供給

〔説明〕は多くの有権者の心底からの期待とうまくかみ合った。例えばフランスでは、「フランスの亀裂」調査によれば、質問を受けた四六％の人は、RNは「有用な政党」であると考え、三四％は「この党は実現可能な解決策を提案する」[26]と答えている。同時に、回答者の四一％は「たとえそれがイスラームからの主要なメッセージではないとしても、イスラームはいずれにしてもその内に暴力と不寛容さとを秘めている」と考える。また五九％の人は「ムスリムの宗教はフランス社会の価値とは両立しえない」と考え、六三％は「フランスには外国人が多すぎる」と考え、七一％は「学校の食堂が生徒の宗教的信念に基づいて別々の食事を提供する」ことは、まともではないと答えている。さらに七一％はムスリムの宗教は「自分の行動様式を強制しようとする」と考え、七四％は「宗教的原理主義はますます心配な状況にあり、もっと真剣に取り組むべき問題である」と答えている。

こうした状況を前提にすれば、反移民政党がどのようにして有権者の巨大な貯水池から支持を引き出してくるかがわかる。それはとりわけ伝統的な政治が危機に直面しており、われわれの開かれた社会に特有の国内派と国際派との間に生じた新たなる分断[27]に着目する諸党派に対して、そこに生まれた空間を明け渡すのである。これが今日の状況である。移動性と国境の浸食のシンボルとしての移民の姿そのものが、こうした文脈においては、グローバル化に対するわれわれの社会全体の不安とためらいを結晶化させる対象となる。そうした事態は、移民の他者性に、受け入れ国の文化を告発する宗教上の文化的他者性が加わることで増幅される。われわれ受け入れ国の文化は、その当否を別にして、彼らからしばしば不信心者（kâfir）と十字軍兵士（croisés）の文化として告発されているのである。

V　EUという怪物

二〇〇八年から〇九年の金融・社会危機に直面してEUのイメージは悪化し、ヨーロッパ「拒絶症」を闘争のための道具とする政治勢力に活躍の空間が開かれた[28]。二〇〇二年から一六年にかけて、EUのプラス・イメージは悪化の一途をたどった。EU諸国民の五〇%は二〇〇二年の時点ではプラス・イメージ（「非常に、あるいはどちらかといえば良い」）を保っていた。しかし二〇一六年にそれは三四%に後退し、逆に二七%はマイナス・イメージ（「非常に、あるいはどちらかといえば悪い」）を抱くようになった。マイナス・イメージは二〇〇二年には一四%に過ぎなかった。そしてどちらでもないは三八%（二〇〇二年には三七%）で、わからないは一%（二〇〇二年には五%）であった。ヨーロッパ嫌い、あるいはヨーロッパ懐疑主義を前面に押し出す多くのナショナリストとポピュリスト勢力が、こうした感情の高まりから生じた割れ目に流れ込んだ。二〇一六年六月二十三日の英国のEU残留に関する国民投票における「ノン」ショック（五一・九%）は、ヨーロッパ統合の中心部に大きな衝撃を与えた。しかし英国以外にも動揺の大きさをうかがわせる「しるし」は数多い。

こうした数年の間に、FNはフランスでその地位を強化して、二〇一五年十二月の地域圏議会選挙で二七・七%を得る。〈ドイツのための選択肢〉（AfD）はドイツで躍進し、二〇一六年のいくつかの地域選挙で一四〜二四％の票を得る。FPÖは二〇一六年のオーストリア大統領選挙の第一回投票で首位に躍り出る。デンマーク国民党は、同党としては最高の得票を上げる（二〇一五年の立法議会選挙で二一・一％）。フィンランドの〈真のフィンランド人〉も同様である（二〇一五年の立法議会選挙で一七・六％）。ハンガリーの〈ヨッビク〉は二〇一四年の立法議会選挙で二〇・三％と躍進した。これらすべての政党はヨーロッパ統合に対して深い嫌悪感を示し、ヨーロッパについて非常に特殊な観念を広めている。二〇一七年以来、EUについてのプラス・イメージは一定程度回復するが、今日状況が大幅に変わったとは言えない。二〇一九年、四五％のヨーロッパ人はEUに対してプラス・イメージを持つが、三七％はどちらとも言えないと答え、一七％は否定的なイメージを持っている（二〇一六年には二七％であった）。ギリシア、イタリア、フランス、スロバキア、チェコ共和国、ベルギー、そしてとりわけ英国は最もEU支持の熱意が乏しい国である。かつてヨーロッパ支持の支柱をなしていた国々も、伝統的にヨーロッパ懐疑主義的な国の列に加わっていくようになった。

こうしたナショナル・ポピュリズムを存続させる条件とは言えないものの、EUはヨーロッパの民主的システムが立ち向かわなければならない多くの問題を引き起こしている。それは、市民と政府首脳との距離の拡大、代表民主主義の機能不全、アイデンティティや共同体に対する不安感の拡大、福祉国家の弱体化、開かれた社会と国内にばかり目を向ける社会との間の緊張関係、自由の保護と治安の改善との間の複雑な関係などである。EUはその結果、次第に自己の担当領域をはるかに超える政治的、経済的、社会的、文化的問題の「犠牲のヤギ」に祭り上げられていくのである。二〇二〇年の新型コロナウイルス危機は、こうした曖昧さを示す最近の例である。保健衛生はEUの権限外のことであるにもかかわらず、EUは無能無策を批判された。それゆえに、ナショナル・ポピュリズム勢力がどのようにEUを悪魔化して、この「悪魔」に代わるものとして何を提案しているかを見ることが有意義である。それを明らかにするために、FN（後のRN）の広めているヨーロッパ観念に焦点を合わせるのがいいだろう。FNは今日、党首のリーダーシップと、ストラスブールの欧州議会内の会派「アイデンティティと民主主義」の中で彼女が演じている卓越した役割により、ヨーロッパのナショナル・ポピュリスト勢力の要となっている。

1　EUの悪魔化

とはいえ、ヨーロッパはFNの演説の中でいつも悪者扱いされてきたのではなかった。一九七二年の設立時においては、ヨーロッパは同党がしばしば取り上げるような問題ではなかった。たとえ取り上げられることがあっても、それは文明としての空間であった。その空間は「歴史をその絆として、ゆっくりと時間をかけて形成された集合体であり、ついにわれわれのヨーロッパ文明を生み出したのである」。こうした共通のヨーロッパ文化は、何にもましてキリスト教が伝えた共通の宗教的アイデンティティに根を下ろしている。しかしまた同時に、それは民族的基準すなわち、「白人」に基づくものとされる。こうしたヨーロッパの宗教的であると同時に民族的な定義から、地理的境界線が引かれることになった。それゆえに、FNのリーダーたちにとって、ヨーロッパは「自然の境界」を持ち、そこから中世キリスト教が拡大していったのである。しかしながらこうしたキリスト教ヨーロッパへの愛着があるとしても、それは国家と国益の防御に与えられる優位性を無にしてしまうものではない。その証拠に、二〇〇四年、ＦＮはキリスト教国であるにもかかわらず、中東欧諸国へのＥＵの拡大に激しく反対した。その一方で、宗教的境界線で定義されたヨーロッパに属さない国々は、いずれにしてもヨーロッパへの帰属を主張することはできない。それゆえに、二〇〇四年、ジャン＝マリー・ルペンは「地理、歴史、文化、民族」のいかなる意味においても、トルコはヨーロッパの国ではないと述べた。こうしたヨーロッパの「境界」を護ることが強調されるのは、歴史上しばしばアジアからの蛮族の侵略や、東部、南部からのムスリムによる覇権樹立の意志に脅かされてきたからである。ジャン＝マリー・ルペンが想起させるように、「わが大陸の全史はフン族、アラブ・ベルベール族、モンゴル、トルコなどの侵略と結びついている」。こうした共通の価値の周りに結集した「ヨーロッパ要塞」の観念は、ベルリンの壁の崩落と共産圏の崩壊までは十分に機能していた。しかし「共産主義の悪魔」が消え去ると、ヨーロッパの統一性も次第に捨てさられていくことになる。

　統一ヨーロッパは、一九八九年の時点ではまだ「われらの大陸の偉大な夢[29]」として描かれ、ＦＮの党首も「祖国ヨーロッパ」について語っていた。しかし同党の用語法は一九九〇年代には過激化して、いかなる形態であってもヨーロッパ統合は国家の大義を無効化してしまうとされ、拒絶されることになった。マーストリヒト条約（一九九二年）、次いでヨーロッパ憲法制定のための条約は、ＥＵ（イメージ）の悪魔化の過程を実行に移す機会となった。

この頃から、ヨーロッパ、とりわけEUはますます「ユーログローバル主義」の入れ物とみなされるようになった。ヨーロッパ憲法条約に関する国民投票（二〇〇五年）の際、この条約は「国際的、コスモポリタン的少数者からなる支配集団の命令に従って、新世界秩序の利益のために諸国家を破壊すること」を最終目標とするものであるとされた。EUはもはや、その背後にアメリカの利益が浮かび上がってくる単なるグローバル化の道具とはみなされない。それはヨーロッパの民衆に対して企てられる、国際的な「謎めいた力」の仲介役の「ブリュッセルのユーロクラート」による正真正銘の国際的陰謀であるとされる。「謎めいた力」とは、とりわけGATT、IMF、OECDならびに彼らの預言者であるCNNとワシントン・ポスト紙である。彼らは国家を破壊し、さらにはすべての伝統的社会組織を「神聖にして犯すべからざる利益の名のもとに」破壊しようとする。二〇〇五年、FNの党首は「巨大なブリュッセルのリヴァイアサン」について語っている。マガリ・バラン（Magali Balent）が指摘するように、まさにこの時期、ヨーロッパ統合はFNにとって、「魂のない連邦制度の中で諸国家を粉砕してしまう化け物」となったのである。マーストリヒト条約は連邦主義への漂流の端緒となった。国家とその機関を食い物にして、空洞のヨーロッパに向かわせる恐ろしいプロセスが始まった[30]」。かくしてジャン＝マリー・ルペンから娘のマリーヌ・ルペンへの権力移譲（二〇一一年一月）以前から、ヨーロッパについてのFNの立場はゆるぎないものとなっていた。FNにとって、「EUはいまや全体主義システムであり、その経済的・社会的成果はまさしく惨憺たるものである。景気の後退、企業の国外への移転、各国人民の蔑視、ユーロ導入以来の価格高騰、わが国農業の消滅、［…］そして公共サービスの消失、大規模移民、ナショナル・アイデンティティの破壊」など枚挙にいとまがない。エマニュエル・ルンゴアット（Emmanuelle Reungoat）が二〇一五年に確認したように、「実際、国民戦線は過去二十年間の他の政党の企てとの競い合いを通じて、ヨーロッパ統合の主要な反対者と認められるようになった」[31]。同党の国内レベルでのこうした基本路線は、ヨーロッパ・レベルでも確認できる。マリーヌ・ルペンが二〇一五年六月に欧州議会内に設立し、オランダの自由党（PVV）のマルセル・デ・グラーフ（Marcel de Graaff）と当時共同で代表を務めた「国家と自由のヨーロッパ」会派の紹介文の中で、彼女は次のように述べている。「ブリュッセルのヨーロッパは不幸をもたらす企てをあらわにする。すなわち、グローバリストの新秩序設立のために諸国家を解体すること。それはヨーロッパ人民の安全、豊かさ、アイデンティティ、生き残りにとって危険なものである。連邦主義の信奉者に対抗するわれわれは、国民精神の開明的守護者であり、またヨーロッパ人民の利益の擁護者である」。過去数年間で、FN内部で、さらにはより広くヨーロッパのナショナル・ポピュリズムの中で、ヨーロッパというテーマがどのように目覚ましい台頭を遂げたのかをはっきりと見て取ることができる。FPÖ、PVV、DFP（DF）、〈同盟（レーガ）〉と改名した〈北部同盟〉、〈フラームス・ベランフ〉（VB）などは多かれ少なかれ同様の過程をたどった。

EUとその「卑劣な」振る舞いは、ナショナル・ポピュリズムが政治闘争を進めていくうえで重要な政治的資源となった。ヨーロッパ問題の取り上げ方が目立つようになると、ユーロからの離脱、さらにはEUからの離脱のテーマについて一層強硬な態度をとるようになった。こうしたテーマは全く新しいものとはいえないとしても、それはますます重要な争点となっていった。というのも、多くのナショナル・ポピュリスト政党は主権主義的立場（souverainisme）の領域で、他の政党と競合関係に立つからである。ロバート・ハームセン（Robert Harmsen）が指摘するように、「大政党」がヨーロッパ統合に批判的な路線に賛同するようになればなるほど、「周辺的政党」は自らの主張を過激化して、「明らかな選択肢」を提示しようとする。[32] こうした配慮は二〇一三年五月、当時FNのナンバー・ツーであったフロリアン・フィリポ（Florian Filippot）の言葉に現れている。「われわれは主権主義者の提起する問題点を体現している。われわれには競争相手はいない。われわれは愛国者の陣営の全領域をカバーしている」。しかしながら、二〇一七年の大統領選挙の敗北後、マリーヌ・ルペンは反ヨーロッパのワインを水で薄めて、同年十月には次のように述べている。「ヨーロッパとユーロのいずれも捨てずに、フランス人の日常生活を改善することは可能である」[33]。今必要なことは、五年の大統領任期の終わりまでに、フランスの「通貨主権」を取り戻すことにあるといえよう。

あらゆる分野における国家主権への回帰はEUの経済・社会政策の失敗と関連付けて主張される。鉄鋼業の消滅、農業の周辺化、数百万の雇用の喪失、負債の増加、成長の停滞、アイデンティティの不安など、これらすべての悪は直接ヨーロッパ統合に結びつけられる。それは初めからそうであった。ルペンの運動方針では、「ECSC（欧州石炭鉄鋼共同体）は、結局のところヨーロッパの鉄鋼業を消滅させてしまった」とされる。それゆえに、一九五二年〔訳注：ECSC条約発効年〕のヨーロッパ統合の初めから、果物の中に虫が巣くっていたとされる。六十年以上後の今日、FNによれば、「ヨーロッパ政策の失敗を［…］ヨーロッパの連邦化を進めることで治療するのではなく」、それから離脱することこそが重要である。ユーロ離脱、そして必要ならばEUからの離脱をできるだけ速やかに実行し、自らの運命を奪われたヨーロッパの人びとが、そのコントロールを取り戻す必要がある。

ヨーロッパの経済的社会的「失敗」に、FNは文化的、政治的失敗を付け加える。文化的失敗とは、コスモポリタンのヨーロッパの失敗である。政治的失敗とは、「全体主義的ヨーロッパ」の失敗である。「ヨーロッパはその誕生以来、民主主義の赤字に苦しんでいる」。そしてFNは選挙で選ばれない欧州委員会が立法提案権を独占していると批判する。また欧州中央銀行は民主的に選ばれた機関からの真のコントロールを免れ、欧州議会は「弱い権限」しか持たないと批判を続ける。ヨーロッパ憲法案はそれに反対する三回の国民投票（二〇〇五年のフランスとオランダ、二〇〇八年のアイルランド）で否決されるが、その結果に続く試みはなかった〔訳注：その後、憲法案は憲法的性格を持たない改革条約（リスボン条約）と再定義され、国民投票に付されることなく各国議会で承認された。二〇〇九年十二月一日発効。しかしその内容は当初の憲法条約とほとんど変わらないものであった〕。

EUの悪魔化は全面的、「全方位的」なものであった。とはいえ、それに対抗する別のプロジェクト、つまり「異なるヨーロッパ」の提案が排除されてしまったわけではなかった。

2　ナショナル・ポピュリストのヨーロッパ

RNは他のナショナル・ポピュリスト政党の様にただ単にEUに反対し、汚名を着せるだけの演説で満足したわけではなく、ＥＵ排斥の言葉を自らの提案で飾り立てた。それは「諸国家からなるヨーロッパ」である。二〇一九年の欧州議会選挙の際になされた提案で、次のように計画のアウトラインを示している。完全な失敗に終わった「独善的なヨーロッパ統合」と決別し、各国人民の主権、ナショナル・アイデンティティ、言語と文化を尊重するヨーロッパの基盤を築くことが重要であるとしている。そしてヨーロッパ諸条約の再交渉、ロシアへの接近、シェンゲン圏〔訳注：ＥＵ域内の自由移動、域外国境の共通管理を定める〕からの離脱、欧州委員会の廃止などが提案された。

こうした目標を達成するには、ＲＮの提案する計画をまず正しく評価する必要がある。同党自らの表現によれば、国家主権が失われたあらゆる領域で主権の再建が必要である。そのためには、ヨーロッパを設立した諸条約を再交渉して、そのプロセスの終わりには、以下の事柄が実現されていなければならないであろう。「フランスは自己の国境管理権を取り戻すこと。その際、移民、対外貿易や資本移動といったテーマが、同一のヴィジョンと利害を共有するヨーロッパ諸国家間の自由な連合の中で処理されることが望ましい。フランスはヨーロッパ法に対する国内法の優位を取り戻し、通貨政策の管理権を回復しなければならない。各国民に奉仕する、自発的パートナーシップにもとづく〔例えばかつてのアリアン・ロケットやエアバス計画など〕大規模のヨーロッパ・イノベーション計画の時代の再来が望まれる。さらに、フランスのヨーロッパ関係予算への貢献はプラス・マイナス・ゼロとなるようにする。それにより、とりわけ我が国の農業への支援の余地が生まれるようにするためである」。とはいえ、もちろん、いくつかの分野でのフランスのヨーロッパ政策への参加の見直しにとどまらず、ＥＵの超国家的性格の根底的問い直し提案を、EUのパートナー国が受け入れる可能性はほとんどない。
実際、欧州議会のパートナーたちも同様であるが、RNがEUの中に溶解してしまうことはできない。またRNの「諸国家と諸国民からなるヨーロッパ」の構想はフランスの伝統的なパートナー国（ドイツ、アメリカなど）に北東のパートナー国が取って代わるような対外政策を予測させる。娘のマリーヌ・ルペンは父親のジャン＝マリー・ルペンのヨーロッパ再編成の夢に合流するようである。その夢は二〇〇七年のジャン＝マリーの大統領選挙時の計画の中にはっきりと見て取れる。

「われわれは（新たな帝国主義に対抗すべく）、われわれ同様に異文化への適応の脅威にさらされている、インド、日本、ロシアといった古い文明を持つ自由で偉大な国々と団結していくであろう。ブレストからウラジオストックまで広がる北方領域活用の見地から、ロシアとの絆は特に強化されるべきであろう」。

二〇一一年の週刊新聞『ミニュット』掲載の対談において、ジャン＝マリー・ルペンは次のように発言している。「ヨーロッパはいまや広大な地政学的空間を有していない。それでは大きなパワーを持ちえない。反対に、ロシアは年百万人の住民減少という人口損失を被っている。もはやこの広大な地理的空間を維持するに十分な人的手段を持たない」。こうした考え方は、ナショナリズムが各国の国境線に限定されることなく、ヨーロッパとその国民にまで拡大されるべきであるとの認識を根拠にしている。それゆえに、ヨーロッパ文明にもとづく大きな大陸ブロックを形成する必要があり、その中にロシアも自己にふさわしい場所を見いだすことになろう。今日再び出現してきたこうした理論は、とりわけ一九六〇年代のベルギー人のジャン・ティリアール（Jean Thiriart）に由来するものである。彼はヨーロッパ国家共産主義（national-communisme européen）の理論家であり、人びととの連想を誘うタイトルの本、『四億人の帝国』の著者である。

二〇一一年から、マリーヌ・ルペンは、彼女自らこうしたヨーロッパの将来についてのヴィジョンを取り上げ、「ロシアを含む、主権国家からなる汎ヨーロッパ（paneuropéenne）連合の形成」を提案している。このシナリオでは、EUの将来はもはや不可能となる。ヨーロッパはユーラシア大陸に自分の姿を投影し、その中で自分は解体されてしまうが、ユーラシア大陸の中で失われた力を取り戻すのである。そこではヨーロッパ・アイデンティティと「ヨーロッパ精神」とは、もはやその痕跡をとどめるに過ぎないことになろう。

VI　グローバル化が生み出す匿名的社会に対する敵意

ポピュリスト政党、とりわけ右派のポピュリストたちはしばしば「差異主義的移民排斥[34]」（nativisme différentialiste）の考え方に賛同するようになり、またますます経済的保護主義と結びつくようになった、そうした政策上の変化に伴い、もっと幅広い分析上の枠組みが要求されるようになった。そこではグローバル化は「勝ち組」と「負け組」を対立させる新しい紛争を引き起こすと理解される。[35]

二十世紀と二十一世紀の結節点での、欧州四か国（オーストリア、フランス、オランダ、スイス）におけるポピュリスト政党のプログラム上の変化に関するサイモン・ボーンシャー（Simon Bornschier）の研究によれば、一九九〇年代から二〇〇〇年代初めの時期におけるポピュリスト諸政党のプログラムの間には根源的な一致が見られるという。この事実はグローバル化の過程と密接に関連しており、経済的側面における「グローバル化の負け組」というカテゴリーを創り出した。負け組とは、多くの場合、労働市場において困難な競争にさらされている、収入の減少を強いられた未熟練の労働者である。こうした現象を前にして、ポピュリスト運動は国家による保護主義的政策を提案する。FNは初期における右派でリベラルの信条を捨て、「右でも左でもない」立場と経済的保護主義を推奨するようになった。ヨーロッパのほとんどすべてのポピュリスト政党は、たとえ設立期において、どちらかといえばリベラルな経済的信条を持っていたとしても、国家介入主義的、保護主義的政策に自己を収斂させていくことになった。こうした変化は、アイデンティティに強く執着する文化的保護主義に通じる点でも一貫したものであり、すべてのポピュリスト政党に共通する特徴である。多くの政治学者は一九八〇年代と九〇年代に、政治システムに新しい紛争の軸が出現したことを確認した。[36]

1　新たな政治的分断ライン

かつて左派と右派の間にあった社会経済的「対立軸」を横に貫く、新しい紛争軸がしっかりと出来上がった。それはアングロ・サクソン系の学者たちの文献において、しばしば自由意志的（libertarian）と呼ばれる寛容な諸価値を権威主義的諸価値に対峙させるものである。すでに一九七〇年代から、脱物質的で寛容な諸価値は、「静かな革命[37]」に向かう本物のプロセスに発展していった。生活様式、ライフスタイル、そして一般的に生活慣習は静かな革命の影響を大きく受けた。しかし、正反対の運動が、同じくらいの広がりをもって目に見えぬ形で広がっていった。それはいわゆる「権威主義的な[38]」諸価値である。自由意志的な諸価値は生活様式、ライフスタイル、ジェンダー、性などの領域に関心を払うのに対して、権威主義的価値は宗教、治安、ナショナリズムなどの領域に大きな影響を与えた。

こうした二つの価値体系の対立は二十世紀末から、顕在化してきて、二十一世紀の初めの二十年には大いに目立つようになった。フランスでは一九九〇年代末のパックス（ＰＡＣＳ、民事連帯契約）に関する激しい対立、また二〇一〇年代初めの同一性者間の結婚承認に反対するデモの激しさ、二〇一五年の緊急事態法と国籍失効措置の拡大提案に関する激しい論争、安楽死について繰り返される意見対立、生殖補助医療（ＰＭＡ）や代理母（ＧＰＡ）に関するごく最近の議論などは、新しい文化的対立軸の強さを示すものである。これらはグローバル化の加速化（グローバルな文化的コミュニケーションの加速化、移民流入の拡大）の結果、文化と文化的多様性をめぐる問題は、われわれ社会が取り組むべき中心的な課題となってきた状況の中で起こっているのである。

すべてのこうした困難な挑戦に対して、右派ポピュリズムは新自由主義、グローバル主義、移民などをヨーロッパ諸国民の伝統的価値に対する脅威であると強く印象づけようとする。その結果、グローバル化とその経済的、社会的、文化的影響に対する新たな反対空間が、われわれの民主主義の政治的風景の中に深く根を下ろすようになった。右派ないしは左派として設立されたいずれの政党も、その多くはこうした問題群に対して、先を見通して行動することはほとんどないし、グローバル化の悪影響を告発する一貫した政治的供給（言説と行動）を提供することもない。その結果、ポピュリスト政党はますます簡約されて条理に満ちたやり方で、空白のままに残された空間を埋めたのである。

2 権威主義的方向へはっきりと傾斜するポピュリスト諸勢力

ポピュリスト政党のプログラムの実証的分析において、サイモン・ボーンシャーは次のことを確認した。ポピュリスト政党は秩序と序列を重んじる価値にしっかりと基礎を置いていること。その特徴としては、諸価値が対立している文化的軸の上で権威主義の極を占めていること。その正反対の位置にあるのが緑の党と「新しい左翼」党であり、自由意志を強調する極を占めている。ところでボーンシャーによれば、権威主義的価値にもとづくアイデンティティ重視の文化戦略には将来性がある。それはグローバル化の進む今日、文化的に同質の国民共同体を保護することの必要性を強調する場合に特にいえることである。彼の結論は、「移民反対政策と、文化的自由主義に反対する価値の広がりは、右派ポピュリスト政党が提示するプログラムの最重要部分をなしている」、ということである。

多くのポピュリスト政党の演説の中で移民の姿が重要性を帯びるわけは、移民はグローバル化社会のあらゆる側面を凝縮させ、具現化させるからである。すなわち、移民は国境を知らず、労働力の非国民化のシンボルであり、外国の文化や慣習を持ち込むからである。移民はあらゆる意味で流動性を象徴する存在である。要するに、定住民の目に映る遊牧民、絶対的「他者」〔訳注：実存主義者、とりわけサルトルの用語〕である。グローバル世界は人びとを不安に陥れ、内にこもろうとする反応を引き起こし、また安定した永続的なアイデンティティへの結集を促す。こうした時代にあって、流動性、スピード、非永続性、絆の弱体化を特徴とする「液状化社会」をストップさせようとする人びとにとって、移民は敵の様相を帯びるのである。(39)

第三章原注

（1）K. Polanyi, *La Grande Transformation. Aux origines politiques et économiques de notre temps* (1944), Paris, Gallimard, 1983.

（2）「攻撃への傾向は人間の原初的で自律的な欲動的素質である〔…〕文化はその内に最も強い障害物を見いだす」S. Freud, *Le Malaise dans la culture* [1930], trad. P. Cotet, R. Lainé et J. Stute-Cadiot, Paris, Puf, «Quadrige», 1995, p. 64.〔『フロイト全集20』新宮一成・鷲田清一・道籏泰三・高田珠樹・須藤訓任編、岩波書店、二〇一一年〕

（3）D. Goodhart, *La Tête, la main et le cœur*, trad. B. Viennot, Paris, Les Arènes, 2020.

（4）「大統領選挙第二回投票における有権者のプロフィールと主要な要因」。二〇一七年五月七日のIfop-Fiducial

による世論調査。十八歳以上のフランス人を代表する二五七二人の全国サンプルから選挙人名簿に登録済みの二四七〇人をサンプルとして抜粋。

(5) H. Kitschelt, *The Radical Right in Western Europe. A Comparative Analysis*, Ann Arbor, University of Michigan Press, 1995.

(6) J. Goul Andersen, T. Bjørklund, «Structural Changes and the New Cleavages: The Progress Parties in Denmark and Norway», *Acta Sociologica*, vol. 33, n° 3 (juillet 1990), p. 195-217.

(7) この点については以下が参考になる。P. Perrineau (dir.), *Les Croisés de la société fermée. L'Europe des extrêmes droites*, La Tour-d'Aigues, Editions de l'Aube, 2001.

(8) «Baromètre de la confiance politique, vague 9», Cevipof-Sciences Po, sondage Opinion Way. 十八歳以上のフランス人を代表する二二〇〇人のサンプルから抽出した二〇一七人を対象として、二〇一七年十二月二十六日に実施した世論調査。

(9) M. Gauchet, *Le Désenchantement du monde. Une histoire politique de la religion*, Paris, Gallimard, 1985.

(10) マルセル・ゴーシェが*Le Désenchantement du monde*『世界の脱呪術化』において書いているように、政治的関係の枢軸をなす形態としての紛争は、次の諸点を特徴とする。①敵対関係はほとんど間違いなく集団的行為全体に影響を及ぼし、②敵対関係は市民間の不和にしっかりと根を下ろすか、③敵対関係は、政治的舞台において、個人と集団との関係の推移に固有の不和や、内在する不和の集まりを表現する。(*ibid.*, p. 282).

(11) P.-A. Taguieff, *Le Nouveau National-Populisme*, *op.cit.*, p. 53.

(12) オランダの政治システムの研究にもとづき、アレンド・レイプハルトは「多極共存型民主主義」概念を生み出した。そしてそれを次のように定義した。分断された政治文化を持つ民主主義体制を、安定した民主制への変換を試みる政治エリート間の一種のカルテルによる統治。オランダ、ベルギー、オーストリア、スイスはしばしばこのモデルのもっと忠実な具体化である。参照：A. Lijphart, J.T. Hottinger, «Les démocraties

consociatives », *Revue internationale de politique comparée*, vol. 4, n° 3 (1997), p. 529-697.

(13) 左派の共和国大統領と右派の政府によるコアビタシオン（保革共存）は一九八六年から八八年、ついで一九九三年から九五年の間に続いた。一九九七年から二〇〇二年の間については、右派の大統領と左派の政府の組み合わせとなった。

(14) P.-A. Taguieff, *La Revanche du nationalisme ...*, *op.cit.*, p. 236.

(15) D. Reynié, *Populisme, la pente fatale*, Paris, Plon, 2011 ; *Les Nouveaux Populismes*, Paris, Pluriel, 2013.

(16) P. Perrineau, « Le retour des nationaux-populismes et la question migratoire », *Cités*, vol. 1, n° 65 (2016), p. 111-120.

(17) この点については、二〇一五年十月七日のＢＢＣ発行の資料を参照のこと。（« Migrant crisis: Migration to Europe explained in graphics »（en ligne: www.bbc.com/news/world-europe-34131911）.

(18) ユーロバロメーターにより、いつも問われる質問は次のようである。「あなたの意見では、ＥＵが現在取り組むべき最も重要な問題を二つ挙げるとしたらそれは何でしょうか。（質問に続いて十三の事項があげられている：移民、気候変動、経済状況、テロリズム、国家の財政状態、失業、など）。

(19) W. van der Brug, M. Fennema, J. Tillie, « Anti-immigrant parties in Europe : Ideological or protest vote ? », *European Journal of Political Research*, n° 37 (2000), p. 77-102.

(20) W. van der Brug, M. Fennema, J. Tillie, « Why some anti-immigrants parties fall and others succeed? A two-step model of aggregate electoral support », Paper, University of Amsterdam, 2005 (dare.uva.nl/document/2/42509).

(21) 参照。www.danskfolkeparti.dk.

(22) 参照。« Party Programme of the Freedom Party of Austria as resolved by the Party Conference of the FPÖ on June 2011 in Graz » (www.fpoe.at).

(23) 以下を参照。«144 engagements présidentiels» de Marine Le Pen en 2017.

(24) «Programme du parti (2015-2019)», UDC-Le parti de la Suisse ; Document de fond : O. Freysinger, *L'Islam et l'Etat de droit*, UDC-Pour une Suisse forte, 2011 ; *L'intégration n'est pas un libre-service*, document de fond de l'UDC, août 2013.

(25) The Finns Party's Immigration Policy, The Finns Party, The Finnish Parliament Elections of 2015.

(26) «Fractures françaises 2019, vague 7», Ipsos/Sopra Steria pour *Le Monde*, Fondation Jean-Jaurès et Institut Montaigne, 2019.

(27) P. Perrineau (dir.), *Les Croisés de la société fermée…, op.cit.*, p. 5-9.

(28) P. Perrineau, «L'Europe au miroir du national-populisme», *Cités*, vol. 3, n° 71 (2017), p. 77-84; B. Bruneteau, *Combattre l'Europe. De Lénine à Marine Le Pen*, Paris, CNRS Editions, 2018.

(29) J.-M. Le Pen のパリでの一九九八年五月一日の演説。

(30) M. Balent, *Le Front national et le monde. Le discours du FN sur les relations internationales sous la présidence de Jean-Marie Le Pen*, Sarrebruck, Editions universitaires européennes, 2011.

(31) E. Reungoat, «Le Front national et l'Union européenne», in S. Crépon, A. Dézé, N. Mayer (dir.), *Les Faux-Semblants du Front national*, Paris, Presses de Sciences Po, 2015, p. 225-246.

(32) Robert Harmsen, «On understanding the relationship between populism and euroscepticism", in S. Dechezelles, L. Neumayer, M. Perrotino (dir.), «Is Populism a Side-Effect of the Europeanization of Political Competition?», numéro spécial de *Perspectives on European Politics and Society*, vol. 11, n° 3 (2010), p. 333-341.

(33) Marine Le Pen, entretient donné à *Valeurs actuelles*, 12 octobre 2017.

(34) H.G. Betz, «Contre la mondialisation : xénophobie, politiques identitaires et populisme d'exclusion en

Europe occidentale», *Politiques et Sociétés*, vol. 21, nº 2 (2002), p. 9-28.

(35) H.P. Kriesi, E. Grande, R. Lachat, M. Dolezal, S. Bornschier, T. Frey, *West European Politics in the Age of Globalization*, Cambridge, Cambridge University Press, 2012.

(36) H. Kitschelt, *The Radical Right in Western Europe…, op.cit.*, p. 15 ; P. Perrineau, «La logique des clivages politiques», in D. Cohen *et alli*, *France: les révolutions invisibles*, Paris, Calmann-Lévy, 1998, p. 289-300 ; Y. Mény, Y. Surel, *Par le peuple, pour le peuple. Le populisme et les démocraties*, Paris, Fayard, 2000.

(37) R. Inglehart, *The Silent Revolution. Changing Values and Political Styles Among Western Publics*, Princeton, Princeton University Press, 1977 ; フランス語訳 : *La Transition culturelle dans les sociétés industrielles avancées*, trad. B. Frumer et A.-R. Maisonneuve, Paris, Economica, 1993. 〔ロナルド・イングルハート『静かなる革命――政治意識と行動様式の変化』三宅一郎ほか訳、東洋経済新報社、一九七八年〕

(38) P. Ignazi, «The silent counter-revolution», *European Journal of Political Research*, vol. 22, nº 1 (juillet 1992), p. 3-34.

(39) Z. Bauman, *Le Coût humain de la mondialisation*, trad. A. Abensour, Paris, Hachette, 1999 ; *La Vie liquide*, trad. C. Rosson, Rodez, Le Rouergue et Chambon, 2006.

第四章　将来――ポピュリズムと民主主義の問題

第二次世界大戦後、ヨーロッパ諸国では、一九三〇年代と四〇年代の権威主義的、全体主義的体制によって打倒された多元的・代表民主主義が復活した。この新たな民主的循環期は戦後の数十年間はうまく機能した。この時期、民主主義体制は「栄光の三十年」と呼ばれる経済的、社会的発展を促進した。一九七〇年代の石油ショックと関連して、一九八〇年代に入り、経済的社会的危機が引き起こされると、民主主義の制度疲労の最初の兆しが表れてきた。具体的には、選挙における棄権率の増加、抗議政党の成功の始まり、政治のイメージの漸進的悪化などである。こうしたすべての動きは、その後の数十年間に増大し、強化され、今日の状況に至った。すなわち、選挙時の棄権の記録的増加、多くの国におけるポピュリスト運動の爆発的拡大、文字通り「政治に対する嫌悪」[1]と呼びうるほどの政治の拒絶である。それは政党員や労働組合員の数の下落、労働組合に組織化されない水平的な（上下関係を持たない）社会運動の拡大を生んだ。スペインの反緊縮運動、アメリカのウォール街を占拠せよ運動、フランスの赤い帽子と黄色いチョッキ運動、イタリアのイワシ運動、チリの交通運賃値上げ反対運動、レバノンのガソリンとタバコの増税に対する反対運動などがある。これらの運動の発展は、総じて市民の議員たちに対する信頼感を大いに弱体化させることになった。

民主主義は危機に瀕しており、ヨーロッパは「民主主義の時期」の終焉に向かい、いまや「ポスト民主主義」の段階に入ったと考える人さえいる[2]。

I　民主主義仮説の弱点

代表民主主義は、今日弱体化を経験しつつあり、民主主義仮説の重大な弱点を露呈している[3]。実のところ、フランス革命の時代に考え出され、第二次世界大戦後に復活を見た代表民主制度は次の三つのフィクション（虚構）に基づくとされる。第一は、市民はその相違にもかかわらず、互いに平等であるとされる。第二に人民主権の虚構である。統治者を指名することを唯一の根拠にして被統治者（人民）を統治行為と結びつけようとする。第三に、選出された代理人が持つとされる代表制の虚構。彼は人民の意志の代表であることにとどまらず、彼を選出してくれた基盤に対して確かな自立性を持つとされる。しかしこうしたフィクションの実態がひとたび明らかにされ、またグローバル化により国内政治家が自由にできる手段は制限されていることが知られるや、市民と一部のポピュリスト勢力は、代表制の原理と仲介者の役割を拒否する考え方を広めることになった。その結果、ポピュリズムにとってだけでなく、直接民主制の過程に支持をもたらす有効な空間が出現したのである。

ポピュリズム分析の中で、ピエール・ロザンヴァロン（Pierre Rosanvallon）は次の事実を強調する。

ポピュリズムは、一方では人民の主権原理は自明であるとしつつ、他方では社会的、政治的主体としての人民の性格は不確かであるとする、相隔たる二つの事実にますます基礎を置くようになっている[4]。われわれの民主主義には人民は「見当たらない」。ジャック・ジュリアール（Jacques Julliard）は次のように明確にする。「個人からなる社会が、次第にかつての階級社会にとって代わった結果、人びとが実在するとみなす観念についてのひどく古くて、漠然として、曖昧な想像力の産物である「人民」が復活してきたのである[5]」。代表民主主義が掲げる抽象的な人民と対比させて、ポピュリズムは自分たちが真の人民を把握していること、人民は仲介者を無視して直接に意思表示をすべきであると人びとを説得する。フランスでは最近、黄色いベスト運動がこうした古くからあるポピュリスト的信条を完全に復活させた[6]。そんなわけで、ポピュリズムは政治的不安と社会的不安との合流点にしっかりと根を下ろしていると言えよう。「ポピュリズムは政治的幻滅と社会的混乱とが出会う場である。政治的幻滅は代表制が不十分であることや、民主主義体制の機能不全に起因する。またポピュリズムはこの政治的幻滅が今日の社会問題の未解決状態と結びつくことで社会的混乱との接点ともなるのである[7]」。代表民主主義の歴史家のピエール・ロザンヴァロンによれば、ポピュリズムは「二十世紀における全体主義がそうであったように、二十一世紀における民主主義の自分自身に反抗する急激な変化の形態である」。

確かに、ポピュリストによる民主主義の不具合解消のための回答は、単純すぎて実行に移すにはさまざまの限界がある。まず人民を当然の主体とする単純すぎる定義上の問題がある。単なるエリートとの断絶ということで人民を定義して、その断絶を貫く緊張や対立を無視している。次に代表民主主義は不可避的に堕落すると信じており、「人民に対する呼びかけ」ゆえに民主主義だけが持ちうる徳に対する信仰がある。最後に、社会の統一性は同質的で決定的に定まっているアイデンティティの中にあるのであって、それは社会を構成する内的絆の質にかかわるものではないとする。

こうした単純化された観念にもかかわらず、代表民主主義の深刻な危機を背景にして、ポピュリズムには好機が訪れたのである。

II 民主主義の背景の変化

増大する一方の政治不信をあらわにする激しい批判を前にして、民主主義はもはや必ずしも望ましい未来とは言えないとの発言が一部の観察者から提起されている。そして彼らから強力な指導者と権威主義的体制への復帰願望が表明されている。第二次世界大戦後に復活した民主主義は期待ほどには強靭ではなく、ギ・エルメの命名した「民主主義の冬」は全く的外れであるとも言えない[8]。いかなる民主的プロセスでも逆転はありうるし、今日の政治分析の専門家の何人かは、民主主義の脆弱性について、さらには「民主主義の終焉」もありうると主張している。

「拡大する民主主義」と「深化する民主主義」の両概念の間でしばしば完全な混乱が生じた。民主主義の地理的拡大はその深化、勝利を意味するものではない。民主主義は春でも夏でもなく、秋になり、おそらくは「冬」の季節になったのかもしれない、とギ・エルメは言う。生まれたばかりの新しい民主主義諸国では、民主主義はしばしば表面上のことに過ぎない。その具体例は二〇一〇年代に、民主主義の定着を目指した、伝道の地においては、多くの失敗が重ねられた。その具体例は二〇一〇年代に、多くの「アラブの春」がたどった不幸な運命として見たとおりである。古い歴史を持つ民主国家において、民主主義は今日危機のただ中にある。それはもはや経済や社会に影響力を保ちえないかのように見える。まさにシステムの正統性の危機であり、民主主義体制はその実質を失ってしまったかのようだ。「姿を現してきているのは、ヨーロッパレベルでの重大な変容であり、百年単位でしか起こりえないようなものである。一七七五年あるいは一七八五年当時のわれわれの祖先同様に、われわれはこれから起こる未来のアンシアン・レジーム(旧体制)の終末に立ち会うかもしれない。いまや終焉を迎えつつある体制に代わる新しい政治世界にはまだ名前がないものの、すでに実践の場においては十分にその姿をうかがい知ることができる」。『民主主義の冬、または新しい体制』の著者のギ・エルメはこのように述べた。

民主主義は単なるイデオロギー的創造物ではない。また単なる民衆の希望や闘争の結果でもない。それはギ・エルメが続けて述べるように、「その大部分は権力に執着するエリートたちの目論見と関係する、一連の歴史的偶発事の不確かな、また曖昧な産物である」。まさにこの点について、著者は民主主義のアリストテレス学派的解釈を踏襲する。すなわち、民主的「良き政府」は混合的性格を持たねばならない。大衆の期待に応え、彼らに思いやりを見せると同時に、専門家や最良のエリートによって指導されるものでなければならない。「良き民主的体制」の持つこうした二つの側面は次のように特徴づけられる。人民から権力の頂点に向かって徐々に上昇していく主権についての原初の理想主義的原理は、徐々に現実主義的な下向きの主権原理に取って代わられる。その際、民主主義は実践上の正統性を「代表制」という名の権威委任の論理の中に見いだすのである。こうした視点からすれば、人民主権は委任により表現されることになる。こうした委任に基づく政治的民主主義（代表民主主義）に、一九四五年以降には社会的民主主義が加わった。徐々にその恩恵を受ける多くの人びとの意識の中では、福祉国家こそが民主主義そのものとなっていった。マルセル・ゴーシェが書いているように、福祉国家の発展は「市民的義務とはあまり関係のない社会的債権者の市民権[9]」を生み出したのである。

その主要な結果として、民主主義は市民的、政治的側面において、あるいは社会的側面において、この三十年間に深刻な危機に落ち込んでしまった。長い間、全体の幸福のカギとみなされた民主主義は、いまや誰の手にも届くものとなったが、今日では理想をかなえてくれる魔法の言葉ではなくなった。政治的民主主義は疲弊し（投票棄権、抗議活動）、社会的民主主義は精魂尽き果てている（公共部門の赤字、ミシェル・シュネデール[10]（Michel Schneider）の言葉では国家の「母性化」（maternalisation）〔訳注：過保護〕）。民主主義のこれら二つの（政治的、社会的）バネの弱体化と並んで、民主的プロセスの中心にあった政治的アイデンティティ（一般利益の形態、集団的規模でのアイデンティティ）も損なわれてしまった。われわれは、しばしば集団的進歩の観念そのものが失われてしまったとの印象を持つ。各個人、各集団は自分たちの心の島に閉じこもり（未婚の母、同性愛者、学生、ハンター、オートバイ乗り、ドライバーなど）、自分たちの特定の利益が公的機関によって認められることにしか関心を向けない。公的機関はいわば

「門番」のような存在である。それが各個人や集団の要求を受け入れてくれるときにはその正当性は認められるが、認められない時には門番は専制的な嫌悪すべきものとして抵抗を受ける。結局、個別のアイデンティティが、集団的広がりを持つ政治的アイデンティティに対して勝利を収めることになってしまうのである。

Ⅲ　民主主義崇拝の悪影響

しかしながら、民主主義の病状がひどくなると、かえってわれわれの時代において卓越した展望を開いてくれるものとして、ますます民主主義の勝利を謳う言説が優位を占めるようである。こうした民主主義礼賛は、おそらく体制が疲弊するとかえって強硬なものとなり、それはあたかも、未来は現在を敷衍しただけの、はっきりしない延長線上でしかとらえられないものであるかのようである。これはギ・エルメが「民主的絶対主義（absolutisme démocratique）」と呼ぶものである。それは真の「道徳秩序」は人権の神聖化の周りに組織されており、また多文化主義、混血、さらには自然の尊重など、雑多なものの集まりの周りに組織されていると考える。そして自然の尊重とは、人権をすべての生物と無生物の尊重にまで拡張することが持続可能な発展の条件であるとみなすことである。この「民主的絶対主義」は「弾道弾民主主義」（démocratie balistique）〔訳注：外部から投入・輸出された武力に支えられた民主主義」に行きつくことさえある。これはイラクやアフガニスタンで初めて使われたものである。自由が認められず、また法治国家でもない選挙民主主義とは名ばかりの民主主義である。まさに「非リベラルの民主主義[11]」である。この概念を考えついたファリード・ザカリア（Fareed Zakaria）は確かに民主主義の進歩を確認する。一九〇〇年、世界にはわれわれが今日使う意味での民主体制を持つ国は十一しかなかった。それは成人の全市民が参加する選挙にもとづき組織される政府を持つ国のことである。今日では九七か国、すなわち世界の六二％の国家は民主主義である。[12] しかしながら、著者によれば、民主主義は必ずしも自由と同義語ではない。例えばユーゴスラヴィアやインドネシアは強力な指導者により統治されていた時代には、今日よりも寛容であり非宗教的でもあった。また同じ著者によれば、アラブ世界では、たとえ投票することになったとしても、投票箱から生まれる体制は今日存在する独裁政権よりももっと非寛容であり、反西欧的であるかもしれない。著者は民主主義と自由とを対比させて、アメリカ合衆国における人種差別に反対する闘いはアメリカの行政府、あるいは最高裁（民主的に任命されたのではない）により行われてきたと指摘する。この例は、著者によれば、アメリカにおいて自由と民主主義とはしばしば食い違うものであったことを示している。その意味でソクラテスの処刑は民主的な決定ではあったが、自由主義的なものではなかった。アドルフ・ヒットラー（Adolf Hitler）は完全に民主的な方法によって権力の座についた。また最近では、一九九〇年代のロシアは「非リベラルな民主主義」の典型と言える。人びとは投票するが、そこには真の法治国家はなく、また真の自由の行使は存在しない。

ザカリアにとって、選挙の実施はあらゆる分析をゆがめてしまうものである。ある国が選挙さえ行えば、ワシントンや世界の他の国々は、その政府が現実にはいかなる行動をとろうとも、投票で生まれた政府であれば大いに寛容である。確かに選挙をテレビで見せることはできるが、「法治国家」を見せることはできない。それゆえに、ファリード・ザカリアにとっては、「憲法的自由主義」の基準によって諸政府を判断することの方が、はるかに理にかなっている。選挙というプリズムを通すだけの民主主義では、政治家に世論の後を追いかけさせることになるからである。ところが実際には圧力団体からの影響は民主主義をゆがめ、多数派の統治を受け入れさせるために考え出されるさまざまの改革は、少数派が効果的な圧力団体に組織されることによって、かえって少数派による政府を生み出してしまうことになる。少数派の利益が公益に反することになれば、ますます少数派はそれを押し付けるための圧力団体を設立することから利益を得ることになる。その瞬間、民主主義は明らかに「少数派の政府」となる。ザカリアによれば、これがまさに民主主義の基盤を掘り崩してしまう問題なのである。

Ⅳ　民主主義の不調に対する薬

民主主義が陥っているこのように重い病状を前にして、参加民主主義、市民社会の介入、e－民主主義、さらにはライフ・ポリティックス（生活政治）型の薬の投与が提案されていることをギ・エルメは確認する。ライフ・ポリティックスは下から上に向かう、日々の生活にかかわる問題から出発する。そして従来、必ずしも取り上げられることのなかった主題を政治の舞台に乗せる。ライフ・ポリティックスは高等政治と日常生活上の問題とを分ける高貴な垣根を破壊するものとみなされる。ピエール・ロザンヴァロンの表現による「カウンター・デモクラシー」[13]の発展は選挙民主主義的価値の下落の下に進行する。それは第一に、「発言する民主主義」(démocratie d'expression)として広がっていく。すなわち社会の側からの発言、集団的意識の表現、統治者や彼らの行動についての意見の表明、さらには要求の提出などである。第二に、「関わり合いの民主主義」(démocratie d'implication)の広がりが見られる。それは市民が互いに協調し、互いにつながって、共通の世界を生み出す民主主義である。第三に、「介入の民主主義」(démocratie d'intervention)がある。それは期待する結果を達成するためのあらゆる形態の団体行動からなる。しかしこうした多様の「カウンター・デモクラシー」の隆盛にもかかわらず、ポピュリズムの激発と「ガヴァナンス」(統治)の目覚ましい台頭が見られる。両者は民主主義の新しい体制を構成する要素である。

「新しい政治体制」は民主主義同様、「混合体制」(アリストテレスの『政治学』の中での用語)である。この政体は統治のためには貴族的であり、統治を受け入れさせるためには民衆的である。しかし「混合体制」は次第に変化していった。

V　ポピュリズムとガヴァナンス（統治）

統治者を選ぶにあたり、有権者を退屈させないための「特殊な効果」を伴う、またポピュリスト的言葉に溢れた選挙がある。二〇〇七年から一七年にかけてのフランス大統領選挙は「特殊な効果」に溢れていた。またわれわれを統治する人物をポピュリストの中から指名することは、すでに数十年前から始まっていた。例えば一九八九年のアルゼンチンではカルロス・メネム（Carlos Menem）、一九九〇年のブラジルではフェルナンド・コロール・デ・メロ（Fernando Collor de Mello）、一九九四年のイタリアではシルヴィオ・ベルルスコーニ、一九九九年のベネズエラではウゴ・チャベス、同年ロシアではウラジーミル・プーチンなどである。

ポピュリズムだけでは十分ではない。統治するためには「ガヴァナンス」を実践しながら国を治めなければならない。それはあたかも、企業の管理を行うように社会を運営することである。そうした状況下では、政策決定者は民衆の圧力から自己を切り離し、必要とされる決定を下す努力が必要になる。こうして支配的になった「ガヴァナンス」は代表民主制に勝る正統性を誇ることになり、代表民主制は廃棄物のような存在に追いやられてしまう。ガヴァナンスはポピュリズムと対をなすものである。ポピュリズムは多数の有権者とともに現場にあり、ガヴァナンスは経済的、社会的、政治的方向性を決める少数者とのかかわりを持つ。

この「新しい政体」はガヴァナンスとポピュリズムの周辺に組織され、多くの民主主義国に見られるようになった。この体制では第一に、特殊利益が一般利益に優位する。第二に、特定のアイデンティティが公の市民的アイデンティティに優位する。第三に、消費者のアイデンティティが市民のアイデンティティに優位する。マルセル・ゴーシェは委任された主権についての古典的モデルの現在の姿を以下のように説明する。選挙で選ばれた代表者たちは、一国民の政治的統一体としての人民を代表すると想定されている。そしてその代表者たちは国民の一般利益に奉仕するとされるが、統一された政治共同体としての国民はいまや消滅の危機に直面している。それに代わって「多様性、アイデンティティ、少数派」を重視する代表制の新しいモデルが生まれつつある。それは社会的多様性を公の舞台に乗せるようにとの要請に応えるものである。その際、被統治者にとって重要なことは、自分の欲求や感情を表に出すことであり、統治者にとって重要なことは特殊事情に対する心遣いを示すことである。こうした新しいモデルや体制への急激な方向転換が、平和的にまた劇的な大混乱もなく現在進行している。そしてせいぜい古い民主主義になじんだ少なからぬ国民に、過去へのある種のノスタルジーを抱かせるだけである。

こうした「民主主義の冬」は、新しい権威主義やテクノクラート支配体制の発展に道を開くことになるかもしれない。そこでは、ガヴァナンスは政府による支配、さらには、「服従」を強いる体制に取って代わられてしまう。小説家のミシェル・ウエルベック（Michel Houellebecq）のヴィジョンにもとづき想像されるような姿である。[14] 現代民主主義の示すいくつかの要因や変調がこうしたシナリオを現実のものとするかもしれない。政治の拒否、不寛容の増大、政治における剝奪感、さらには政党拒否などは、いずれも権威主義体制再来の諸段階となりえる。二〇二〇年の初めに実施された調査によれば、六四％のフランス人は、フランスでは「民主主義はあまりうまく機能していないか、あるいは全く機能していない」と解答した。四一％は「民主主義体制では何事も進まない。民主主義を減らして効率を高めた方が良いかもしれない」[15] と答えている。また三三％は、政治システムにとって、「議会や選挙などを気にする必要のない強力な人間をリーダーにする」のが良いとまで考えている。多元的民主主義体制に対する異議申し立てには根拠がないわけではない……。

とはいえ、最もありそうで、そしてもちろん最も望ましい想定は、依然として今日の民主主義体制の再編である。現代の民主主義体制は、今日いくつかの問題を抱えて苦しんでいる。存在理由の危機（何の役に立つのか?）、成果の危機（効率的であるか?）、代表制の危機（今日の社会における真の分断状況を表現できているか?・）などである。

存在意義を回復するには、われわれの民主主義は「短絡主義」や、緊急事態最優先から抜け出さなければならない。何十年もの間、われわれの民主主義は、しばしばイデオロギーやメシア信仰の壮大なユートピアの助けを借りて機能してきた。一九七〇年代末に至ってもまだ、「資本主義との断絶」とか、自主管理とか、社会主義社会などについて語られていた。政治はいずれ劣らず輝かしい遠い過去の記憶に満ち、また光り輝く遠い未来に満ちていた。フランスにおいて、一九八一年から九五年までの長期間にわたる左翼による権力掌握に伴う失望感は、長い期間に刻まれたこれらのユートピアを粉砕してしまった。そしてもっと短期的管理の立場からの政策を押し付け、政治的なものをあえて長期計画に繰り入れようとはしなくなった。他のヨーロッパの民主主義国においても同様の事態が見られた。イタリア、スペイン、ドイツさらにはスウェーデンなどがそうである。今後の十年を目途に（フランスでは二期の大統領任期、イタリアと英国では二回の議会任期）、さまざまな政治的プロジェクトが生み出されるようになることが期待される。そしてそれらのプロジェクトが、雇用、成長、職業教育、さらには連帯などに関して、社会にとって大きな選択肢を提示するものとなることが重要である。これからの数十年間、民主主義がもっとゆったりと流れる時間を取り戻し、熟議、論証、意義付けのための余裕が与えられれば、民主主義は生まれ変わるであろう。この挑戦に応えることは容易ではなかろう。確かに技術革新、社会変動、生活のリズムにおける時間の流れの加速化ゆえに、それがもたらすマイナス面と闘うための調整システムが必要となる。しかし当然のことながら、その機能のために時間を要する民主主義体制の枠内でそれを実行することは容易ではない。

民主政治は、何十年もの間「全能」の刻印を押されてきた。国民国家は、これまで成長の条件を定め、その果実を分配し、市民を集団的運命の中にしっかりと組み込んできた。しかしそうした仕組みは、グローバル化や地方分権が持つ解体効果の下で徐々に崩壊してしまった。また法〔司法化、judiciarisation〕〔訳注：裁判所への提訴により問題解決を図ろうとする傾向〕、金融〔金融化、financiarisation〕〔訳注：経済全体に占める金融部門の拡大〕、マスメディア〔メディア化、médiatisation〕〔訳注：社会の諸部門に対するマスメディアの影響力の増大〕などの領域において政治的なるものは希薄化した。今日政治はもはや完全にそれ自身の場所を持たず、多くの場所に分散してしまっている。したがって、民主主義はそれ自身に固有の活動の核心部分を取り戻さなければならない。すなわち、外部の脅威からの保護、金融の混乱からの安全確保、そして自由の防衛などがそれに当たる。あまりにも多くのことを詰め込もうとして、民主政治はダメになってしまった。これからは、民主政治は自分自身が占めるべき空間を再定義して、その力と効率を証明しなければならない。明日の民主政治は自分ができること、そしてその中心的役割によって評価されることを期待しよう。

最後に付言すれば、民主政治は長年にわたり、社会が置かれた重大な分断状態を明らかにすると同時に、それを鎮める能力を推進力として前進してきた。長い間、階級分裂、さらに宗教的分裂は左派と右派の間の対立の中心にあった。例えば、フランスにおいて、ライシテ法、政教分離法、また社会法制などは社会を貫く対立の激しさを表現すると同時に、それを鎮静化してきた。今日別の対立が出現してきたことが見て取れる。それらは、ナショナル・アイデンティティ、ヨーロッパ、グローバル化、他者との関係性などと呼ばれる……。今日と明日を生きる市民にとって、これらの真に重要な分裂と民主主義とが結びつけられ、政治が「死語」ばかりを語る時代遅れの過去から抜け出すことができれば、民主主義には未来があるといえよう。それができないのであれば、ポピュリズムの「現代語」が広がり、これまでほぼ三四半世紀にわたり、われわれが生きてきた民主主義を変えてしまうであろう。

第四章原注

（1）C. Hay, *Why We Hate Politics ?*, Cambridge, Polity Press, 2007.

（2）C. Crouch, *Post-Democracy*, Cambridge, Polity Press, 2004.

（3）R. Simone, « Comment la démocratie fait faillite », *Le Débat*, vol. 5, n° 182 (2014), p. 14-24.

（4）P. Rosanvallon, *Le Peuple introuvable. Histoire de la représentation démocratique en France*, Paris, Gallimard, 1998 ; *Le Siècle du populisme. Histoire, théorie, critique*, Paris, Seuil 2020.

（5）J. Julliard, « Nous le peuple. Crise de la représentation », *Le Débat*, vol. 1, n° 143 (2007), p. 3-19.

（6）P. Perrineau, *Le Grand Ecart. Chroniques d'une démocratie fragmentée*, Paris, Plon, 2019.

（7）P. Rosanvallon, « Penser le populisme », *La vie des Idées*, 27 septembre 2011, p. 4.

（8）G. Hermet, *L'Hiver de la démocratie ou le nouveau régime*, Paris, Armand Colin, 2007.

（9）M. Gauchet, *La Religion dans la démocratie. Parcours de la laïcité*, Paris, Gallimard, 1998.

（10）M. Schneider, *Big Mother. Psychopathologie de la vie politique*, Paris, Odile Jacob, 2002.

(11) F. Zakaria, *L'Avenir de la liberté. La démocratie illibérale aux Etats-Unis et dans le monde*, Paris, Odile Jacob, 2003.〔ファリード・ザカリア『民主主義の未来——リベラリズムか独裁か拝金主義か』中谷和男訳、阪急コミュニケーションズ、二〇〇四年〕

(12) *Etat de la démocratie dans le monde en 2019*, Internatinal Institute For Democracy and Elections Assistance, Stockholm, 2019, www.idea.int

(13) P. Rosanvallon, *La Contre-Démocratie. La politique à l'âge de la défiance*, Paris, Seuil, 2006.〔ピエール・ロザンヴァロン『カウンター・デモクラシー——不信の時代の政治』嶋崎正樹訳、岩波書店、二〇一七年〕

(14) M. Houellebecq, *Soumission*, Paris, Flammarion, 2015.〔ミシェル・ウエルベック『服従』大塚桃訳、河出書房新社、二〇一七年〕

(15)「政治的信頼度バロメーター、ウェーブ11」Cevipof-Sciences Po, 二〇二〇年一月二十八日から二月四日までの Opinion Way 実施調査。十八歳以上のフランス人を代表する二一三一人のサンプル。

結論

周知のように、ポピュリズムには長い歴史がある。それは一時的な状況の産物ではない。ポピュリズムが現代的、多元的な様相を帯びて復帰してきてから三十年以上になる。このイデオロギーが持つ力は事実が証明している。イデオロギーとしてのポピュリズムは、変動の激しい状況に応えようとする。われわれの社会が直面する経済的、社会的、そして文化的「大変動」に付き添い、多様化して、ときには相対立するイデオロギー的伝統の核心に自己を結びつけようとする。世界が変動し、社会的、政治的基準が衰えるとき、柔軟性のあるイデオロギーとしてのポピュリズムは、ことのほか状況にうまく適応している。ポピュリズムは過渡期の世界の一時的なイデオロギーかもしれない。それは失われつつある古き世界へのノスタルジーを多く有しながら、新しい世界の気配を感じさせるいくつかの重大問題を提起する。それは次のようなものである。①何事においてもますます即効性が求められる社会における人民主権、②世界においてその克服が求められる国家の地位、③不信感だけでは生き延びられない民主的システム内において、ますます一過性で変わりやすく、それでいて批判的な市民の自己表現、④個人主義的性格を強める大衆社会における集団的帰属、⑤服従を受け入れようとしない社会における権威、⑥エリートが語り、描く歴史の中でしばしば忘れられた人とも見える人民の地位、などである。ポピュリズムが多くの良い問題提起をしても、それに対する解答が不十分で良くない場合には一体どうなるであろうか？

訳者あとがき

本書は、Pascal Perrineau, *Le Populisme*, (Collection « Que sais-je ? », n° 4161), PUF, fév. 2021. の全訳である。著者のパスカル・ペリノーは、フランス本国はもとよりヨーロッパ諸国においてもよく知られた政治学者であるが、あいにく日本においてその業績を知る人は多くない。そこで、ここではまず著者について少し詳しい紹介をすることにしたい。

パスカル・ペリノーは一九五〇年、フランス北東部のモーゼル県の生まれである。トゥール大学に学んだ後、名門のパリ政治学院を卒業している。そして一九八一年には、政治学で博士号、また翌年には政治学教授資格を得ている。その後グルノーブル政治学院、トゥール大学法学部などで教鞭をとった後、一九九一年から今日に至るまでパリ政治学院の教授を務めている。そして一九九二年から二〇一三年の長きにわたりフランス政治学財団（ＦＮＳＰ）傘下のパリ政治学院政治研究センター（ＣＥＶＩＰＯＦ）の所長を務めた。現在はパリ政治学院名誉教授の地位にあり、引き続き同大学で「第五共和政における政治生活」、「フランスとヨーロッパにおける政治参加の諸形態」などの授業を担当している。ペリノー教授の研究分野は多岐にわたるが、政治参加に係る事項の分析が中心である。地方議会選挙から欧州議会選挙までの各種選挙、世論調査、国民投票、急進的右派政党（とりわけ国民戦線）、フランスとヨーロッパにおけるポピュリスト政党、代表民主主義などを研究テーマとしている。またジャーナリズムの世界でも活躍しており、フランスのテレビの討論番組でもよくその姿を見かける。また日本の学界や研究機関が行うシンポジウムにも参加し、大統領選挙の折には、日本のジャーナリストのインタビューなどにも応じている。

研究成果には以下のようなものがある。いずれもペリノー教授が長年取り組んできた国民戦線の研究が多い。訳者の知る限り邦訳されていない（カッコ内書名は訳者による仮訳）。*Le symptôme Le Pen*, Fayard, 1997（『ルペンの兆し』）, *Le choix de Marianne*, Fayard, 2012（『マリアンヌの選択』）, *La France au Front : essai sur l'avenir du Front national*, Fayard, 2014（『FNに向かうフランス：FNの将来』）, *Cette France de gauche qui vote FN*, Seuil, 2017（『FNに投票する左翼のフランス』）, *Le Grand Ecart : chronique d'une démocratie fragmentée*, Plon, 2019（『大きな隔たり：分裂した民主主義の年代記』）。

ところでパスカル・ペリノーの研究成果を紹介するとしたら、フランスにおける各種選挙結果の継続的分析を忘れることは出来ない。CEVIPOFではペリノーを中心にして、重要な選挙のたびにフランスの政党・選挙分析の専門家を集めて共同研究を実施して、その結果を順次公刊している。その結果は、二〇〇〇年代に入ってからのものに限ってみても、二〇〇二年の大統領選挙・国民議会選挙、二〇〇四年の欧州議会選挙、二〇〇七年の大統領選挙・国民議会選挙、二〇一二年の大統領選挙・国民議会選挙、そして最後は二〇一七年の大統領選挙・国民議会選挙である。ちなみに二〇一七年の結果報告につけられたタイトルは「混乱を引き起こす・破壊的な投票」とされ、既成大政党の後退と、突然登場したエマニュエル・マクロンと、急進右派ポピュリストのマリーヌ・ルペンを軸とした新しい政治構造の出現を扱っている。またマリーヌ・ルペンの父であり、ＦＮの創設者のジャン゠マリー・ルペンの大統領選挙での決選投票への進出が引き起こした混乱をあつかった二〇〇二年の選挙は「あらゆる拒否の投票」と命名された。ペリノー教授の紹介が少し長くなったようなので、ここまでにして次に本書そのものの紹介に移りたい。

本書は冒頭の献辞から分かるように、長年にわたり指導してきたパリ政治学院の学生たちに捧げられたものである。随所に「教育的」配慮が見て取れるが、同時に広く一般読者も視野に入れて本書は準備された。近年しばしば使用されるようになったポピュリズムという言葉はヨーロッパのみならず、北米、ラテン・アメリカなどでも広く用いられている。日本においては「大衆迎合主義」の訳語が当てられ、マイナス・イメージをかぶせて使用される傾向があった。

ペリノー教授はいたるところで取り上げられるポピュリズム概念は混乱を起こしていると考え、その多様な実態を明らかにすることで、ポピュリズムについてできるだけ正確な知識を持ってほしいとの願いを込めて本書を執筆したとのことである。その意図を反映してか、本書の構成は総括的・体系的であると同時に、それが抽象的理論の説明だけに終わらず、読者の理解を助けるために多く具体的記述を盛り込んでいる。その内容については、すでに本書を読まれた読者に対して、訳者からこまごまと繰り返す必要はないと思われるので、主要な論点をかいつまんで説明するにとどめたい。

ポピュリズムという言葉が盛んに使われるようになるのは二〇〇〇年代に入った頃ころからであるが、現象としてみればその歴史的起源は古く十九世紀後半のロシアやアメリカ農民の急進主義にある。その後一九二〇年代、三〇年代のファシズム、ナチズムの権威主義的体制への反省から第二次大戦後は西欧諸国ではリベラル・デモクラシー体制が広く採用されるようになった。フランスでいえば「栄光の三十年」（一九四五年―一九七五年）により実現された豊かな社会にも助けられ、安定化した。しかしそうした状況は七〇年代半ばの石油危機後の経済停滞、そして九〇年代に入るころからフランス社会の対外的開放――グローバル化の進展、ヨーロッパ統合の本格化など――により、国際競争が激化し、国内で社会的格差が広がっていった。こうした現象は一人フランスだけのものではない。こうした困難に対して、既存のリベラル・デモクラシーを支えた穏健保守勢力と社会民主主義勢力の政権担当能力に対する国民の不満が高まり、左右両派の勢力は後退していった。そこで生まれた政治的「空間」をポピュリスト勢力が埋めることになったとされる。

著者はポピュリズム現象の特質を論じるにあたり、これまでに蓄積されてきた多くの研究成果に依拠して議論を展開している。ポピュリズムの定義は難しいとしつつも、大筋でカス・ミュデ&クリストバル・ロヴィラ・カルトワッセルのものを受け入れている。それは「社会は二つのそれぞれ同質的で互いに敵対的な二つのグループに分けられる。それは純粋な人民と腐敗したエリートである。政治は人民の一般意志の表現であらねばならない」とするものである。またポピュリズムは確固たるイデオロギーではなく、中心が薄いイデオロギーである。それゆえに、その形態はその時代の経済・社会状況を反映して多様な形態を取りうる。例えばポピュリズムの具体的姿は西ヨーロッパとラテン・アメリカでは異なり、両地域の比較分析が興味深いものとなる。

ついで著者はポピュリズムの形態論について、マーガレット・カノヴァンの分類を紹介している。彼女は政治的ポピュリズムを四つに分類する。それは、第一にポピュリスト的独裁であり、ラテン・アメリカの独裁政治にみられるものである。第二に、ポピュリスト的民主主義であり、スイスの政治システムが採用するもので、直接ないしは半直接民主主義がそうである。第三は反動的ポピュリズムであり、一九六〇年代のアメリカ南部でジョージ・ウォレスの展開したもので、「サイレント・マジョリティー」の関心事を表現したものとされる。第四は政治屋のポピュリズムであり、政治的分断を乗り越えて結束を呼び掛ける。

ピエール＝アンドレ・タギエフはこうした類型論にとどまらず、ポピュリズム現象を現代フランスの状況の中に位置づけ、ナショナル・ポピュリズムの概念を提案する。これはフランスに限らず多くのヨーロッパ諸国にも通用するもので、今日のポピュリズム現象の特質をうまく説明するものである。一九九〇年代のポピュリズムによる既成大政党の新自由主義的経済政策に対する批判や、グローバル化を受けて進行した脱工業化の過程で貧困化した社会層からの抗議に加えて、二十一世紀に入ってからは新しい要因が加わった。それはフランスやヨーロッパ社会の開放（グローバル化の進行による経済面での国際競争の激化、移民・難民などの増大、とりわけイスラーム住民の拡大がもたらした文化的摩擦の高まり）が市民に対してアイデンティティの危機を感じさせた。その結果、排外的な「自国生まれ重視」を主張する右派ポピュリズの拡大が見られることになったのである。すなわち、経済面での社会の在り方に対する抗議としてのポピュリズムとナショナル・アイデンティティの主張としてのポピュリズムとの合体したものが今日の西欧におけるナショナル・ポピュリズムの主張であるといえよう。

左派ポピュリズムについての著者の説明は多くはない。左派ポピュリズムも抗議としてのポピュリズムを採用する。しかしアイデンティティの重視については右派ポピュリストほど強力な主張をするわけではない。たしかに、エリート批判、上層の人びとと下層の人びとへの社会の分裂に対する批判などは右派ポピュリストとも一致するところである。しかし両派を分けるのは、前者の支持層の多くが、いわゆる「ラストベルト」の組織労働者、独立自営業者、農民などであるのに対して、後者は伝統的な左派勢力支持者に加えて、比較的高学歴の中産階級出身の若者を多く含んでいる点である。例えば、ジャン＝リュック・メランションの〈不服従のフランス〉を取り上げれば、メランションの選挙運動で多く若者が活躍したが、彼らは右派ポピュリストが批判する大都市郊外の庶民（移民家族が多い）が集住する団地に戸別訪問を実行し、従来投票率の低い若者たちの票を掘り起こしたとの報告もある。こうした支持層の違いが「自国生まれ重視」のアイデンティティにこだわる国民連合などとの違いを生む一因となっているのではなかろうか。これはあくまで訳者の個人的解釈に過ぎないが。

パスカル・ペリノーのポピュリズム分析はヨーロッパ大に拡大していく。それを具体的に示すために、各国の左右のポピュリスト政党を列挙するが、同時にヨーロッパ全体でのポピュリスト政党の勢力の現状を示すために、二〇一九年五月の欧州議会選挙の結果をジル・イヴァルディの研究をもとに分析している。二〇一四年の選挙ではポピュリスト政党議員は全議席七五一のうちの約四分の一強を占めたが、二〇一九年には二三〇議席と三分の一を占めている。フランスの国民連合（国民戦線）は得票率では一・七％減で二三・三％（二二議席）を占め、フランスの政党での第一党になった。その余勢を駆って二〇二二年の国民議会選挙では二〇一七年の議席を大幅に上回る八九議席を獲得した。ヨーロッパの他のポピュリズム政党の躍進も同様である。欧州議会での得票率を二〇一四年のものと比較すると、目につくものを拾ってみただけでも、ドイツのＡｆＤは四％増（一一議席）で、イタリアの〈同盟〉は二八・一％増（二八議席）、ポーランドのＰ・ｉＳは一三・六％増（二七議席）などである。

著者は最後にポピュリズムと民主主義との関連について述べ、今日のリベラル・デモクラシー、とりわけその根本原理である政治的代表制の原理が弱体化していると考える。元来、代表民主主義は三つの虚構の上に成り立つとされる。すなわち、第一に市民は互いに平等であり、第二に人民が主権者であり、統治者は人民の信任にもとづき権力を握るということ、第三に選出された議員は人民を代表しているとみなすことである。今日、代表民主主義の原理の虚構性は明らかであるとポピュリストは批判する。ポピュリストたちは自分たちこそが真実の人民を把握しており、人民は仲介者を無視して直接意思表示すべきであると人々を説得する。ペリノー教授はポピュリストの統治エリート批判を受け入れつつも、「ポピュリズムが多くの良い問題提起をしても、それに対する解答が不十分で良くない場合には一体どうなるであろうか?」と問うている。ポピュリストの解答は必ずしも実行できないものである。とはいえ、彼はナショナル・ポピュリストの提起する問題（とりわけ移民問題、治安、グローバル化など）

を真剣に検討する必要があること、また同時にその際自分たちの民主的な価値に則って問題解決を考える必要があると強調する。ペリノー教授は最後に興味深い言葉で現代の民主主義崩壊の克服法について述べている。民主政治はこれまで何十年もの間「全能」の刻印を押され、そして政治は社会のあらゆる事柄に関り、問題解決を期待されてきた。その結果、民主政治は固有の活動の核心部分を曖昧化してしまった。民主政治はあまりにも多くのことを詰め込もうとして、ダメになってしまった。これからは、民主政治は自分自身が占めるべき空間を再定義して、その力と効率を証明しなければならない。そうすることで初めて、リベラル・デモクラシーはポピュリズムが内包する新たな権威主義の危険を免れることができるであろう。

本書の翻訳出版にあたり、白水社を紹介してくださったのは翻訳家の北代美和子氏である。また校正段階では編集担当の小川弓枝氏から多くの適切なアドバイスをいただいた。この場を借りてお二人に厚く御礼申し上げたい。

中村雅治

二〇二二年十一月

参考文献

ポピュリズムに関する主要著書

Yann Algan, Elizabeth Beasley, Daniel Cohen, Martial Foucault, *Les Origines du populisme. Enquête sur un schisme politique et social*, Paris, Seuil, 2019.

Bertrand Badie, Dominique Vidal (dir.), *Le Retour des populismes. L'état du monde 2019*, Paris, La Découverte, 2019.

Margaret Canovan, *Populism*, New York, Harcourt Brace Jovanovich, 1981.

Margaret Canovan, *The People*, Cambridge, Polity Press, 2005.

Ilvo Diamanti, Marc Lazar, *Peuplecratie. La métamorphose de nos démocraties*, Paris, Gallimard, 2019.

Catherine Fieschi, *Populocracy*, Newcastle, Agenda Publishing, 2019.

Hans Georg Betz, *Radical Right-Wing Populism in Western Europe*, New York, St Martin's Press, 1994.

Hans Georg Betz, *La Droite populiste en Europe. Extrême et démocrate ?*, trad. G. Brzustowski, Paris, Autrement, 2004.

Gino Germani, *Authoritarianism, Fascism and National Populism*, Piscataway (New Jersey), Transaction Books, 1978.

David Goodhart, *The Road to Somewhere : The Populist Revolt and the Future of Politics*, Londres, C.

Hurst & Co., 2017.

Piero Ignazi, *Extreme Right Parties in Western Europe*, Oxford, Oxford University Press, 2006.

Ghita Ionescu, Ernst Gellner (dir.), *Populism : Its Meanings and National Characteristics*, London, Weidenfeld & Nicolson Verlag, 1969.

Gilles Ivaldi, *De Le Pen à Trump. Le défi populiste*, Bruxelles, Éditions de l'université de Bruxelles, 2019.

Steven Levitsky, Daniel Ziblatt, *La Mort des démocraties*, trad. P.-M. Deschamps, Paris, Calmann Lévy, «Liberté de l'esprit», 2019.〔スティーブン・レビツキー、ダニエル・ジブラット『民主主義の死に方——二極化する政治が招く独裁への道』濱野大道訳、新潮社、二〇一八年〕

Yves Mény, Yves Surel, *Par le peuple, pour le peuple. Le populisme et les démocraties*, Paris, Fayard, 2000.

Yascha Mounk, *Le Peuple contre la démocratie*, Paris, Éditions de l'Observatoire, 2018.〔ヤシャ・モンク『民主主義を救え!』吉田徹訳、岩波書店、二〇一九年〕

Cas Mudde, Cristobal Rovira Kaltwasser (dir.), *Populism in Europe and the Americas. Threat or Corrective for Democracy?*, Cambridge, Cambridge University Press, 2012.

Cas Mudde, Cristóbal Rovira Kalrwasser, *Populism : A Very Short Introduction*, Oxford, Oxford University Press, 2017 ; en français : *Brève Introduction au populisme*, trad. B. Dauvcrgnc, La Tour-d'Aigues, Éditions de l'Aube, 2018.〔カス・ミュデ、クリストバル・ロビラ・カルトワッセル『ポピュリズム——デモクラシーの友と敵』永井大輔・高山裕二訳、白水社、二〇一八年〕

Pierre Rosanvallon, *Le Siècle du populisme. Histoire, Théorie, critique*, Paris, Seuil, 2020.

Paul Taggart, *Populism*, Philadelphia, Open University Press, 2000.

Pierre-André Taguieff, *Le Nouveau National-Populisme*, Paris, Éditions du CNRS, 2012.

Pierre-André Taguieff, *La Revanche du nationalisme. Néopopulistes et xénophobes à l'assaut de l'Europe*, Paris, Puf, 2015.

Jan Werner Müller, *Qu'est-ce que le populisme? Définir enfin la menace*, trad. F. Joly, Paris, Premier Parallèle, 2016.〔ヤン＝ヴェルナー・ミュラー『ポピュリズムとは何か』板橋拓己訳、岩波書店、二〇一七年〕

付表

2019年5月欧州議会選挙：政治的傾向別に分類した
ポピュリスト諸党派の各国別得票結果

第1表　左派ポピュリスト　(2019年)

国名	党名	略号	日本語訳	得票率(%)	議席数	欧州議会内会派(注)	得票率の差(2019-2014年)
ドイツ	Die Linke	Die Linke	左翼党	5.5	5	GUE/NGL	－1.8
キプロス	Symmachia Politon	SYPOL	市民同盟	3.3	0		－3
デンマーク	Enhedslisten-De Rød Grøne	Enhl., Ø	赤緑連合リスト	5.5	1	GUE/NGL	－2.6
スペイン	Podemos	Podemos	ポデモス（我々には可能だ）	10.1	6	GUE/NGL	－7

フィンランド	Vasemmistoliitto	VAS	左翼同盟	6.9	1	GUE/NGL	－2.4
フランス	La France Insoumise	LFI	不服従のフランス	6.3	6	GUE/NGL	－0.3
ギリシア	Synaspismós Rizospastikís Aristerás	SYRIZA	シリザ（急進左派連合）	23.8	6	GUE/NGL	－0.7
ギリシア	Plefsi Eleftherias	PE	自由に向かって	1.6	0		
ギリシア	Laïkí Enótita	LAE	人民連合	0.6	0		
ギリシア	Kommounistikó Kómma Elládas	KKE	ギリシア共産党	5.4	2	NI	－0.8
アイルランド	Sinn Féin	SF	シンフェイン党	11.7	1	GUE/NGL	－7.8

（注）欧州議会内会派（groupes）（2019年）
PPE（欧州人民党グループ）、S&D（社会民主進歩同盟）、Renew Europe（欧州刷新）、Verts/ALE（緑グループ・欧州自由連盟）、ID（アイデンティティと民主主義）、CRE（欧州保守改革）、GUE/NGL（欧州統一左派・北欧緑の左派同盟）、NI（無所属）

オランダ	Socialistische Partij	SP	社会党	3.4	0		− 6.2
ポルトガル	Bloco de Esquerda	BE	左翼ブロック	9.8	2	GUE/NGL	+ 5.3
ポルトガル	Coligação Democrática Unitária, PCP-PEV	CDU	統一民主連合	7.4	2	GUE/NGL	− 5.8
チェコ共和国	Komunistická strana Čech a Moravy	KS M	ボヘミア・モラヴィア共産党	6.9	1	GUE/NGL	− 4.1
ルーマニア	Uniunea National pentru Progresul României	UNPR	ルーマニア進歩のための国民連合	0.6	0		− 3.1
スロバキア	SMER-Sociálna demokracia	SMER-SD	スメル（方向・社会民主主義）	15.7	3	S§D	− 8.4
スロベニア	Koalicija Združena levica	Levica	左翼連合	6.3	0		+ 0.8
スウェーデン	Vänsterpartiet	V	左翼党	6.8	1	GUE/NGL	+ 0.5

第2表　急進右派ポピュリスト（2019年）

国名	党名	略号	日本語訳	得票率（%）	議席数	欧州議会内会派	得票率の差（2019-2014年）
ドイツ	Alternative für Deutschland	AfD	ドイツのための選択肢	11	11	ID	+ 4
オーストリア	Freiheitliche Partei Österreichs	FPÖ	オーストリア自由党	17.2	3	ID	– 2.5
ベルギー	Vlaams Belang	VB	フランドルの利益	12.1	3	ID	+ 8
ベルギー	Parti populaire	PP	人民党	1.7	0		– 0.5
ブルガリア	Nacionalno Obedinenie Ataka	ATAKA	アタカ国民連合	1.1	0		– 1.9
ブルガリア	Natzionalen Front Spasenie na Bulgaria	NFSB	ブルガリア救済国民戦線	1.2	0		– 2
ブルガリア	VMRO-Bălgarsko nacionalno dviženie	VMRO-BND	ブルガリア国民運動	7.4	2	CRE	– 3.3

ブルガリア	Volya	Volya	ヴォリャ運動	3.6	0		
デンマーク	Dansk Folkeparti	DF (DFP)	デンマーク国民党	10.8	1	ID	− 15.8
スペイン	Vox	Vox	ヴォックス党	6.2	3	CRE	+ 4.6
エストニア	Eesti Konservatiivne Rahvaerakond	EKRE	エストニア保守人民党	12.7	1	ID	+ 8.7
フィンランド	Perussuomalaiset	PS	真のフィンランド人	13.8	2	ID	+ 1.2
フィンランド	Sininen tulevaisuus	SIN	青い改革	0.3	0		
フランス	Rassemblement national	RN	国民連合	23.3	22	ID	− 1.7
フランス	Les Patriotes	Les Patriotes	愛国者	0.7	0		
フランス	Debout la France	DLF	立ち上がれフランス	3.5	0		− 0.3

ギリシア	Anexártiti Éllines	ANEL	独立ギリシア人	0.8	0		- 2.7
ギリシア	Nea Dexia	Nea Dexia	新民主主義党	0.7	0		
ハンガリー	Jobboldali Ifjúsági Közösseg-Jobbik Magyarországért Mozgalom	Jobbik	ヨッビク（より良いハンガリーのための運動）	6.3	1	NI	- 8.4
ハンガリー	Fidesz-Magyar Polgári Szövetség	Fidesz	フィデス（ハンガリー市民同盟）	52.6	13	PPE	+ 1.1
イタリア	Lega	Lega	同盟（レーガ）	34.3	28	ID	+ 28.1
イタリア	Fratelli d'Italia	FdI	イタリアの同胞	6.5	5	CRE	+ 2.8
ラトビア	Nacionala apvieniba Visu Latvijai ! Tezvemel un Brivibai/LNN	NA/LNNK	国民連合「すべてをラトビアのために!祖国と自由のために」	16.4	2	CRE	+ 2.1
ラトビア	No Sirds Latvijai	NSL	ラトビアの覚醒	0.5	0		

マルタ	Moviment Patrijotti Maltin	MPM	マルタ愛国者党	0.3	0		
オランダ	Partij voor de Vrijheid	PVV	オランダ自由党	3.5	0		− 9.8
オランダ	Forum voor Democratie	FvD	民主主義フォーラム	10.9	3	CRE	
ポーランド	KoalicjaOdnowy Rzeczypospolitej Wolność i Nadzieja	KORWIN-Wolność	ポーランド共和国における自由と希望の再生連盟	4.6	0		− 2.7
ポーランド	Prawo i Sprawiedliwość	PiS	法と正義	45.4	27	CRE	+ 13.6
チェコ共和国	Svoboda a přímá demokracie	SPD	自由と直接民主主義	9.1	2	ID	+ 6
英国	UK Independence Party	UKIP	英国独立党	3.2	0		
英国	Brexit Party	Brexit Party	ブレグジット党	30.5	29	NI	+ 3.7

スロバキア	Slovenská národná strana	SNS	スロバキア国民党	4.1	0		+ 0.5
スロバキア	Sme Rodina	Sme Rodina	我らは一つの家族	3.2	0		
スロベニア	Slovenska Nacionalna Stranka	SNS	スロベニア国民党	4	0		0
スウェーデン	Sverigedemokratena	SD	スウェーデン民主党	15.3	3	CRE	+ 5.6

第3表　中道ポピュリスト　(2019年)

国名	党名	略号	日本語訳	得票率(%)	議席数	欧州議会内会派	得票率の差(2019-2014年)
ブルガリア	Graždani za evropejsko razvitie na Bălgarija	GERB	ヨーロッパ発展のためのブルガリア市民	30.9	6	PPE	＋0.5
ブルガリア	Prezaredi Balgariya	BG	ブルガリアを充電する	0.2	0		
クロアチア	Živi Zid	ZZ	人間の環	5.7	1	NI	
クロアチア	Bandić Milan 365 – Stranka rada i sidarnosti	BM 365	ミラノ、バンディッチ365－労働連帯党	2	0		
エストニア	Eesti Keskerakond	EK	エストニア中央党	14.4	1	Renew Europe	－8
イタリア	Movimento 5 Stelle	M5S	五つ星運動	17.1	14	NI	－4.1
ラトビア	Kam pieder valsts?	KPV-LV	国家は誰のものか?	0.9	0		

リトアニア	Darbo Partija	DP	労働党	9	1	Renew Europe	– 3.4
リトアニア	Tvarka ir teisingumas	TT	秩序と正義	2.6	0		– 11.7
ポーランド	Kukiz’15	Kukiz’15	クキズ 15	3.7	0		
チェコ共和国	Akce nespokojených občanů	ANO 2011	不満な市民の行動	21.2	6	Renew Europe	+ 5.1
スロバキア	Sloboda a Solidarita	SaS	自由と連帯	9.6	2	CRE	+ 2.9
スロバキア	Obyčajní L’udia a nezávislé osobnosti	OL’aNO	普通の人びとと独立した人たち	5.3	1	PPE	– 2.3

著者略歴
パスカル・ペリノー　Pascal Perrineau
1950年フランス北東部モーゼル県生まれ。パリ政治学院名誉教授、政治学者。フランスの国民戦線研究の第一人者。著書に、『ルペンの兆し』（*Le symptôme Le Pen*, 1997）、『マリアンヌの選択』（*Le choix de Marianne*, 2012）、『FNに向かうフランス：FNの将来』（*La France au Front : essai sur l'avenir du Front national*, 2014）、『FNに投票する左翼のフランス』（*Cette France de gauche qui vote FN*, 2017）、『大きな隔たり：分裂した民主主義の年代記』（*Le Grand Ecart : chronique d'une démocratie fragmentée*, 2019）（いずれも未邦訳）など多数。

訳者略歴
中村雅治（なかむら・まさはる）
1945年静岡県生まれ。1980年上智大学大学院国際関係論専攻博士課程満期退学。1994年上智大学外国語学部フランス語学科教授。在職中、パリ政治学院、グルノーブル政治学院客員教授。現在上智大学名誉教授。主要著書に、『国民国家フランスの変容』（上智大学出版）、『グローバル化する世界と文化の多元性』（共編著、上智大学出版）、『EUと東アジアの地域共同体』（共編著、上智大学出版）、訳書に、クリスチアン・ルケンヌ『EU拡大とフランス政治』（芦書房）がある。

文庫クセジュ　Q 1056
ポピュリズムに揺れる欧州政党政治

2023年1月30日　第1刷発行
2024年3月10日　第2刷発行
著　者　　パスカル・ペリノー
訳　者 Ⓒ 中村雅治
発行者　　岩堀雅己
印　刷　　株式会社平河工業社
製　本　　加瀬製本
発行所　　株式会社白水社
東京都千代田区神田小川町 3 の 24
電話　営業部　03（3291）7811 / 編集部　03（3291）7821
振替　00190-5-33228
郵便番号　101-0052
www.hakusuisha.co.jp

乱丁・落丁本は，送料小社負担にてお取り替えいたします．
ISBN978-4-560-51056-8
Printed in Japan

文庫クセジュ

歴史・地理・民族（俗）学

62 ルネサンス
79 ナポレオン
133 十字軍
160 ラテン・アメリカ史
191 ルイ十四世
338 ロシア革命
351 ヨーロッパ文明史
382 海賊
491 アステカ文明
530 森林の歴史
541 アメリカ合衆国の地理
597 ヒマラヤ
604 テンプル騎士団
615 ファシズム
636 メジチ家の世紀
648 マヤ文明
664 新しい地理学
665 イスパノアメリカの征服
684 ガリカニスム
689 言語の地理学
713 古代エジプト
719 フランスの民族学
724 バルト三国
735 バスク人
767 ローマの古代都市
769 中国の外交
790 ベルギー史
810 闘牛への招待
812 ポエニ戦争
813 ヴェルサイユの歴史
816 コルシカ島
819 戦時下のアルザス・ロレーヌ
842 コモロ諸島
856 インディヘニスモ
857 アルジェリア近現代史
858 ガンジーの実像
859 アレクサンドロス大王
865 ヴァイマル共和国
872 アウグストゥスの世紀
879 ジョージ王朝時代のイギリス
882 聖王ルイの世紀
883 皇帝ユスティニアヌス
885 古代ローマの日常生活
889 バビロン
890 チェチェン
896 カタルーニャの歴史と文化
898 フランス領ポリネシア
902 ローマの起源
903 石油の歴史
904 カザフスタン
906 フランスの温泉リゾート
913 フランス中世史年表
915 クレオパトラ
918 ジプシー
922 朝鮮史
925 フランス・レジスタンス史
928 ヘレニズム文明
932 エトルリア人
935 カルタゴの歴史